Merken Sie sich Ihre drei Farbziffern oder schreiben Sie die drei Ziffern untereinander.
Lesen Sie die Bedeutung Ihrer drei Ziffern auf den Seiten 19 bis 43.

2

3

Max Lüscher: »Die Farben der Liebe«

Inhalt

I

Was Farben messen

Ein Quadrat erzeugt bei jedem eine andere Empfindung als ein Kreis. Ebenso deutlich wie Formen können Farben unterschieden werden. Rot bewirkt bei jedem eine bestimmte andere Sinnesempfindung als Blau.
Die Empfindung von Farbtönen wird – ähnlich wie die Töne der Musik – mit größter Exaktheit wahrgenommen. Farben sind genau meßbare Schwingungsfrequenzen. Sie erzeugen die sichtbare und mit höchster Genauigkeit meßbare Sinnesempfindung einer Farbe. Darin besteht die allgemeingültige, objektive Bedeutung der Farbe.

Um Mißverständnisse zu vermeiden, muß man wissen, daß für die Verwendung von Farben zwei radikal verschiedenartige Definitionen erforderlich sind:

1. Die objektive Bedeutung der wahrgenommenen Farbe.
2. Die subjektive Einstellung, die jemand zu dieser Farbe hat.

Der Farbtest ist ein Meßinstrument, ähnlich einem Fieberthermometer.
Die persönliche Bevorzugung oder Ablehnung einer Farbe zeigt die Einstellung und den subjektiven Zu-

stand, ähnlich dem Fieber auf dem Thermometer. Dadurch ist der Farbtest ein objektives Meßinstrument zur Beurteilung des subjektiven, psychisch-somatischen Zustandes eines Menschen.
Im Gegensatz zur bewußt gesteuerten, verbalen Sprache erfolgt die Entscheidung, warum man eine Farbe einer anderen vorzieht, unbewußt. Deshalb messen die Testfarben den Menschen, wie er wirklich ist, und nicht – wie bei einer Befragung –, wie er sich selber sieht oder wie er gerne gesehen werden möchte.

Untersuchungen (blutchemisch, cardiovasculär, endokrinologisch und im EEG neurophysiologisch) an amerikanischen und europäischen Universitätsinstituten haben statistisch signifikant nachgewiesen, daß mit dem KLINISCHEN LÜSCHER-FARBTEST erstmals eine exakte psychologische und damit übereinstimmende physiologisch-medizinische Messung als ganzheitliche Persönlichkeitsbeurteilung möglich geworden ist.

II

Die Farben des erotischen Erlebens

In den vergangenen sieben Jahren wurden die vier besonderen Farben ausgetestet, welche vier Grundfunktionen des erotischen Erlebens messen.

Dabei repräsentiert die spezielle Farbe:

Nummer 3	Orangerot: die sexuelle Erregbarkeit
Nummer 4	Lachsrosa: die erwartungsvolle Phantasie
Nummer 2	Magentaviolett: die einfühlsame Resonanz
Nummer 1	Dunkelviolettblau: die hingebungsvolle Bindung

Nachdem die entsprechenden Farbtöne gefunden waren, wurden etwa 3740 Personen stets mit genau denselben Worten befragt:

»Wie empfinden Sie eine erotische Liebesbeziehung? Welche von den vier Farben entspricht dieser Empfindung
am besten? am zweitbesten? und am wenigsten?«

Wer annimmt, eine erotische Liebesbeziehung werde von jedermann gleich oder wenigstens ähnlich

empfunden, wird eine verblüffende Überraschung erleben. Für den einen entspricht nur das feurige Orangerot dem, was er als Liebe empfindet. Beim dunklen Violettblau schüttelt er verständnislos den Kopf. Er findet, diese Farbe sei für eine erotische Liebesbeziehung ganz unmöglich.
Neben ihm sitzt eine auffallend attraktive, erotisch provozierend angezogene Frau. Wenn sie an Liebe denkt, kommt für sie nur das friedliche Dunkelblau in Frage. Orangerot hingegen lehnt sie entschieden ab. Sie findet, das entspreche keineswegs einer erotischen Liebe, das sei höchstens das Strohfeuer von tierisch gefühllosem Sex.

Die Wahl der erotischen Farben bleibt gleich, solange sich die Vorstellung von einer erotischen Liebesbeziehung nicht ändert.

Das erotische Typogramm

Mit den vier erotischen Farben und ihren typischen Bedeutungen können 24 verschiedenartige erotische Typogramme beschrieben werden. Kennt man die Farbenwahl eines Menschen, dann kann man dessen erotische Erlebnisweise in dem Typogramm und im beschreibenden Text ablesen.

Die Farbwahlen und das Typogramm umfassen aber mehr als nur die sexuellen Gefühle. Sie beschreiben die emotionale Erlebnisweise eines Menschen. Wer gleiche Farbwahlen hat, was bei Freunden und Partnern meist der Fall ist, versteht sich »auf gleicher Wellenlänge«.

Ein Ehepaar, das ich auch privat kenne, wollte sich trennen, obwohl beide außergewöhnlich kultivierte Menschen sind. In Gesprächen suchte ich vergeblich nach Konflikten und verständlichen Gründen. Schließlich ergaben ihre Typogramme der erotischen Farben völlig gegensätzliche Erlebnisweisen, worauf ich die Scheidung befürwortete. Mit neuen Partnern fanden beide eine geeignete und ausgesprochen beglückende Beziehung.

Das erotische Typogramm beschreibt nicht, was man tut; ob man sich homo- oder heterosexuell verhält oder welche Praktiken man ausübt, sondern, was man dabei empfindet und erlebt.

Die Sprache der Farben ist eine Sprache der Empfindungen und der Gefühle. So wie in der Musik jeder Halbton eine deutlich spürbar andere Wirkung hat, so entspricht auch jeder Farbton einer genau definierbaren anderen Empfindung. So wie Musik ein hochdifferenzierter Ausdruck der Gefühle ist, so ist die Sprache der Farben eine unermeßlich reiche und genaue Darstellung der Empfindungen und der Gefühle.

Wer versteht, was emotionales Erleben bedeutet und wie prägend eine psychisch-somatisch fixierte Erlebnishaltung ist, weiß, daß die Sprache der Wörter dafür wesensfremd und ungeeignet ist. Das ist auch der Grund, warum verbale Psychotherapie in diesem Bereich wenig taugt.

Die Farben des Orgasmus

Was sich beim Orgasmus im Körper abspielt, ist gemessen, gefilmt und im Fernsehen gezeigt worden. Der Verlauf der Erregung wurde auch häufig als Kurve gezeichnet. Wie hingegen die Empfindungen und Gefühle beim Orgasmus ablaufen, kann in der Abfolge der entsprechenden Farben anschaulich dargestellt werden.

So wie etwa ein Viertel der Menschen in Farben träumen, so treten bei manchen auch während des Orgasmus Farbhalluzinationen auf. Jahrzehntelange, statistisch ausgewertete Untersuchungen des österreichischen Psychiaters Herwig Sausgruber über farbige Träume haben erwiesen, daß die Bedeutung der Traumbilder ausnahmslos mit der Bedeutung der dabei auftretenden Farbe übereinstimmt. So werden zum Beispiel heftig erregende oder aggressive Handlungen immer in der Farbe Rot geträumt.

Wenn während des Orgasmusverlaufes Farben erlebt werden, dann geschieht es meist in der Phase der sich zum Höhepunkt steigernden Erregung.

Die Farbempfindungen während des Orgasmusverlaufes beginnen mit dem violetten Farbton Magenta, mit der erotischen Farbe Nummer 2. Die psychologische Bedeutung von Magentaviolett ist der sensible Erregungszustand, um Reize aufzunehmen. Daher bedeutet Magentaviolett Bereitschaft zur einfühlsamen

Resonanz sowie erotische Faszination und spirituelle Interessiertheit.
In dem Maße, wie sich die Erregung zur körperlich spürbaren Empfindung steigert, verändert sich das blaurote Magenta zu einem reinen Rot.
Auf der nächsten Erregungsstufe entsteht aus dem Rot ein gelbliches Orangerot. Es entspricht der erotischen Farbe Nummer 3. Dieser am längsten andauernde Erregungszustand wird als Plateauphase bezeichnet.
Die nächste sehr kurze Phase ist eine maximale Spannung und eine Kontraktion der Muskeln. Die Messung der Kontraktion zeigt sich im Farbtest als dunkles Blaugrün.
Die übersteigerte Spannung kippt abrupt in die Lösung um. Diese ebenfalls kurze Phase wird als Auslösung bezeichnet. Sie ist durch die helle Farbe Gelb repräsentiert. (Die Farbe der Kontraktion Blaugrün und der Lösung Gelb sind neben dem Orangerot und dem Dunkelblau die vier Grundfarben des »Klinischen Lüscher-Farbtests«).
Nach der Lösung (Gelb) folgt die länger dauernde Phase der Entspannung und Ruhe. Sie äußert sich in der Farbe Dunkelblau mit der Nummer 1.

Auswertung der Farben der Liebe

Anleitung:

Legen Sie die vier Farbkarten auf einen hellen Untergrund:

Wie empfinden Sie eine erotische Liebesbeziehung?
Welche der vier Farben entspricht dieser Empfindung

am besten?	Legen Sie diese Farbe oben hin.
am zweitbesten?	Legen Sie diese Farbe darunter.
am wenigsten?	Legen Sie diese Farbe unter die zweite.

Wenden Sie die drei Karten auf die Rückseite um. Lesen Sie Ihre Ziffernfolge von oben nach unten auf den folgenden Seiten.
Die unterste Ziffer ist kleiner gedruckt, damit die beiden ersten schneller gefunden werden.

Achtung:
Die Frage muß immer heißen: Welche Farbe entspricht einer erotischen Liebesbeziehung am besten?
Es wäre falsch und ergäbe ein falsches Resultat, wenn man fragt: Welche Farbe gefällt Ihnen am besten?

Erotisches Typogramm

sexuelle Erregbarkeit	✗				
erwartungsvolle Phantasie	✗	✗			
einfühlende Resonanz	✗	✗	✗		
hingebungsvolle Bindung	✗	✗	✗	✗	

1 2 3

Sie sind kein Draufgänger, sondern ein einfühlsamer Liebespartner mit einem ausgeprägt starken Bedürfnis nach friedlicher Harmonie. Ihre Art, eine erotische Liebesbeziehung zu erleben, zeichnet sich durch ein besonders einfühlsames Feingefühl aus. Es ist für Sie eine selbstverständliche Voraussetzung, daß bei einer erotischen Liebesbeziehung sowohl eine vertrauensvolle Übereinstimmung als auch eine gefühlvolle Verbundenheit bestehen muß.
Ihre besondere Fähigkeit ist die feinfühlende, sensible Resonanz, mit der Sie den Partner spüren und auf ihn eingehen, und Ihre Bereitschaft zur zärtlichen Anhänglichkeit.

Erotisches Typogramm

sexuelle Erregbarkeit	✗	✗			
erwartungsvolle Phantasie	✗				
einfühlende Resonanz	✗	✗	✗		
hingebungsvolle Bindung	✗	✗	✗	✗	

Sie legen Wert auf eine ehrlich empfundene Partnerschaft und haben ein ausgeprägt starkes Bedürfnis nach friedlicher Harmonie. Eine Liebesbeziehung empfinden Sie als verbindliche Zusammengehörigkeit. Darum sind Sie auch bereit, sich mit voller Engagiertheit dafür einzusetzen.

Ihre Gefühle sind sowohl liebevoll als auch feinfühlend und einfühlsam. Sie trachten in der Partnerschaft nach harmonischer Übereinstimmung und nach einer vertrauensvollen Verbundenheit. Ihnen ist eine auf Dauer bleibende Partnerbeziehung wichtig, bei der eine feinfühlende gegenseitige Resonanz besteht.

Oberflächliche Beziehungen, die nur zur Bestätigung der eigenen Attraktivität dienen oder ein schnelles sexuelles Abenteuer wären, sind Ihnen zu banal und zu leer.

Erotisches Typogramm

sexuelle Erregbarkeit	✗	✗	✗		
erwartungsvolle Phantasie	✗	✗			
einfühlende Resonanz	✗				
hingebungsvolle Bindung	✗	✗	✗	✗	

1
3
2

Sie haben früher eine Liebesbeziehung erlebt, die für Sie zu einer erschütternden Enttäuschung geführt hat. Ihre Einstellung zur erotischen Liebe ist dadurch geprägt worden. An Stelle der ursprünglich romantischen Liebeserwartungen ist jetzt eine Ernüchterung getreten. Um nicht wieder enttäuscht zu werden, sind Sie kritisch und vorsichtig geworden und vermeiden es, in eine Abhängigkeit von Gefühlen zu kommen.
Um so mehr legen Sie jetzt großen Wert darauf, daß die Liebesbeziehung eine friedliche Harmonie und vertrauensvolle Verbundenheit gewährleistet. Unter diesen Voraussetzungen sind Sie bereit, lustvolle Erregung und sinnliche Wärme zu erleben.

Erotisches Typogramm

sexuelle Erregbarkeit	X	X			
erwartungsvolle Phantasie	X				
einfühlende Resonanz	X	X			
hingebungsvolle Bindung	X	X	X	X	X

Unter den vielen zum Teil gegensätzlichen Einstellungen, die man zur Liebe haben kann, erleben Sie die Liebesbeziehung als verbindliche Engagiertheit und echte Treue mit der ausschließlichen Bindung an den Partner. Ihr stärkstes Bedürfnis ist die friedliche Harmonie und das gegenseitige Vertrauen. Das sind ganz besonders für Sie unbedingte Voraussetzungen für die Liebe. Ihr Bedürfnis nach treuer Verbundenheit entsteht nicht aus einer auferlegten Verpflichtung, sondern aus Ihrem eigenen Gefühl und Ihrer persönlichen Überzeugung.

Dann, wenn die Bedingungen einer liebevollen Bindung und treuen Zusammengehörigkeit erfüllt sind, können Sie die sinnliche Wärme und lustvolle Erregung genießen.

Erotisches Typogramm

sexuelle Erregbarkeit	X	X			
erwartungsvolle Phantasie	X	X	X		
einfühlende Resonanz	X				
hingebungsvolle Bindung	X	X	X	X	

1
4
2

Tiefgreifende Enttäuschungen haben Ihre Einstellung zu erotischen Beziehungen maßgebend geprägt. Deswegen haben Sie wenig Vertrauen, daß eine wirkliche gefühlvolle Übereinstimmung auf gleicher Wellenlänge mit dem anderen zu erreichen sei.
Sie brauchen aber liebevolle Zuwendung und eine Beziehung, zu der Sie Vertrauen finden können, denn Sie gehören nicht zu den Menschen, die eine Liebesbeziehung deshalb begehren, um intensive sexuelle Erregungen zu erleben.
Liebe bedeutet für Sie vor allem ein Zusammenleben in einer friedlichen Harmonie, die von Leidenschaften und Konflikten nicht belastet ist. Eifersüchtige Auseinandersetzungen sind Ihnen zuwider, und Sie würden solche Auseinandersetzungen auch nicht ertragen.

Erotisches Typogramm

sexuelle Erregbarkeit	X				
erwartungsvolle Phantasie	X	X	X		
einfühlende Resonanz	X	X			
hingebungsvolle Bindung	X	X	X	X	

Durch das schwache Selbstvertrauen gegenüber erotischen Beziehungen ist die spontane Vitalität gehemmt. Das behindert die spontane, lustvolle, sexuelle Erregung und läßt keine impulsive Leidenschaft entstehen.

Liebe bedeutet für Sie vor allem eine friedliche, rücksichtsvolle und harmonische Gemeinschaft. Eine ruhige und unbelastete Zufriedenheit vermag die wichtigsten Wünsche zu erfüllen, die Sie an eine Liebesbeziehung stellen.

Durch Ihre empfindsame Zurückhaltung und Ihr ausgeprägtes Bedürfnis nach einer liebevollen und konfliktfreien Harmonie sind Sie ein Partner, der das Zusammenleben erleichtert.

Erotisches Typogramm

sexuelle Erregbarkeit	✗				
erwartungsvolle Phantasie	✗	✗			
einfühlende Resonanz	✗	✗	✗	✗	✗
hingebungsvolle Bindung	✗	✗	✗		

2
1
3

Durch Ihre hohe erotische Sensibilität und einfühlsame Rücksichtnahme hemmen Sie – besonders bei neuen Begegnungen – die spontane Unmittelbarkeit und warten auf erotische Signale des anderen.
Was aber Ihre erotische Erlebnisweise ganz besonders auszeichnet, ist Ihr einfühlsames Feingefühl. Vor allem Ihre Fähigkeit, die Erregung des anderen zu spüren, zu lenken und zu steigern, diese einfühlsame und erregende Zärtlichkeit, macht Sie zu einem begehrenswerten Liebhaber.
Sie werden nie aufdringlich, denn ohne gegenseitige Bereitschaft oder nur zur eigenen Befriedigung wäre Sex für Sie unerotisch und daher unbefriedigend.

Erotisches Typogramm

sexuelle Erregbarkeit	X	X			
erwartungsvolle Phantasie	X				
einfühlende Resonanz	X	X	X	X	
hingebungsvolle Bindung	X	X	X		

Weil Sie sich mit Ihrer einfühlsamen und erregenden Zärtlichkeit ganz auf den Partner einstellen, hat Ihre erotische Liebe eine besonders gefühlvolle Tiefe. Vor allem Ihr Feingefühl und Ihre Fähigkeit, die Erregung des anderen zu spüren, zu lenken und zu steigern, diese einfühlsame und faszinierende Zärtlichkeit macht Sie zu einem begehrenswerten Liebhaber.
Wer zu einer gefühlvollen erotischen Bindung bereit ist, erlebt mit Ihnen eine zu tiefst befriedigende und erfüllte erotische Liebesbeziehung.
Zudem ermöglicht Ihre liebevolle Anhänglichkeit eine andauernde Verbundenheit.

Erotisches Typogramm

sexuelle Erregbarkeit	✗	✗	✗		
erwartungsvolle Phantasie	✗	✗			
einfühlende Resonanz	✗	✗	✗	✗	
hingebungsvolle Bindung	✗				

2
3
1

Sie haben wie kaum andere die Fähigkeit, ganz im Rausch der erotischen Faszination aufzugehen. Ihre Intensität des Begehrens und die Lust, den prickelnden Reiz zu erleben, wird durch Ihre leicht entzündbare Begeisterung rasch gesteigert.

Ihre sprungbereite, vibrierende Erotik wird aber nie zum banalen Sex, denn Sie erleben die Beziehung immer wieder als erregende Verführung und als magische Faszination.

Erotisches Typogramm

sexuelle Erregbarkeit	✗	✗	✗		
erwartungsvolle Phantasie	✗				
einfühlende Resonanz	✗	✗	✗	✗	
hingebungsvolle Bindung	✗	✗	✗		

Ihre Lust an der Erregung, um deren prickelnden Reiz zu erleben, ist rasch entzündbar. Ihre Erotik wird nie zum banalen Sex. Sie erleben die Lust immer wieder als neue Faszination und als magisch wirkender, sich ständig steigernder Rausch. Sie erreichen diesen Spannungs- und Erregungszustand, weil Sie sich zugleich auf Ihre körperlichen Lustempfindungen und auf die Erregung des Partners mit voller Intensität konzentrieren.

Sie empfinden eine starke Engagiertheit und Bindung an den Partner, wenn er Ihre Intensität zu befriedigen vermag.

Erotisches Typogramm

sexuelle Erregbarkeit	✗	✗			
erwartungsvolle Phantasie	✗	✗	✗		
einfühlende Resonanz	✗	✗	✗	✗	
hingebungsvolle Bindung	✗				

2
4
1

Ihre Erlebnisweise zeichnet sich wie keine andere durch eine reiche und lebhafte erotische Phantasie aus. Das intensive Begehren entzündet in Ihnen eine spielerisch abwechslungsreiche Vielfalt von reizvollen Vorstellungen. Immer wieder sind es Phantasien und erotische Vorstellungen, welche Sie zur Faszination, Erregung und Befriedigung benutzen. Deshalb machen nicht harter Sex, sondern der Reiz der Überraschung und der Originalität den Reichtum Ihres erotischen Erlebens aus.

Erotisches Typogramm

sexuelle Erregbarkeit	✗				
erwartungsvolle Phantasie	✗	✗	✗		
einfühlende Resonanz	✗	✗	✗	✗	✗
hingebungsvolle Bindung	✗	✗			

Sie sind kein Draufgänger, sondern leben – wie kaum andere – in einer Welt von erotischen Wünschen und romantischen Vorstellungen.

In dem Maße, wie die unmittelbare, spontan zupackende Vitalität gehemmt bleibt, entfalten Sie eine reiche zärtliche Phantasie. Immer wieder sind es Phantasien und erotische Vorstellungen, welche Sie zur Faszination und Befriedigung benutzen. Ihre rücksichtsvolle Zartheit und gefühlvolle Erotik wird besonders von feinsinnigen Partnern hoch geschätzt.

Erotisches Typogramm

sexuelle Erregbarkeit	✗	✗	✗	✗	
erwartungsvolle Phantasie	✗	✗			
einfühlende Resonanz	✗				
hingebungsvolle Bindung	✗	✗	✗		

3
1
2

Erotik ist für Sie zwar ein temperamentvoller Erregungszustand, aber Ihre Einstellung zur Sexualität hat sich durch einschneidende Erfahrungen und Enttäuschungen maßgebend verändert. Sie sind ernüchtert und mißtrauen jeder romantischen Schwärmerei. Sie schützen sich mit kritischen Vorbehalten, um keine Abhängigkeit von Gefühlen aufkommen zu lassen.
Was Sie hingegen neben der sexuellen Befriedigung von einer Liebesbeziehung erwarten, ist eine freundschaftliche, konfliktfreie und hilfsbereite Partnerschaft.

Erotisches Typogramm

sexuelle Erregbarkeit	✗	✗	✗	✗	
erwartungsvolle Phantasie	✗				
einfühlende Resonanz	✗	✗			
hingebungsvolle Bindung	✗	✗	✗		

Erotische Liebe bedeutet für Sie nicht nur temperamentvolle sexuelle Befriedigung, sondern besonders auch eine freundschaftliche, hilfsbereite Zusammengehörigkeit; denn Sie stellen sich mit verbindlicher Engagiertheit auf den Partner ein. Dadurch sind Sie fähig, eine gefühlvolle, sinnlich warme Innigkeit zu empfinden.

Wechselnde, oberflächliche Sexbeziehungen ohne gefühlsmäßige Zuwendung wären Ihnen als beziehungsarme Leere zu banal.

Erotisches Typogramm

sexuelle Erregbarkeit	X	X	X	X	X
erwartungsvolle Phantasie	X	X			
einfühlende Resonanz	X	X	X		
hingebungsvolle Bindung	X				

3
2
1

Erotik ist für Sie der Inbegriff von temperamentvollem Begehren, lustvoller Phantasie und erregender Faszination. Auf erotische Signale des anderen oder auf eine animierende Situation reagieren Sie mit rascher Erregung.

Ihre Lust an der Erregung, um deren prickelnden Reiz zu erleben, ist leicht entzündbar. Sie bewirkt eine magische Anziehung und die spontane Bereitschaft mitzumachen. Dabei steigert sich die Lust zum betörenden Rausch der Erregtheit und zur vollen Entfaltung und Intensität der sinnlichen Empfindungen.

Erotisches Typogramm

sexuelle Erregbarkeit	X	X	X	X	
erwartungsvolle Phantasie	X				
einfühlende Resonanz	X	X	X		
hingebungsvolle Bindung	X	X			

Auf verführerische Signale des Partners oder auf animierende Situationen reagieren Sie mit einer starken erotischen Erregung. Ihre temperamentvolle, spontane Bereitschaft mitzumachen, um die prickelnden Reize zu erleben, ist zugleich auf die Lust der eigenen körperlichen Empfindungen und auf die Erregung des Partners konzentriert.

Trotz der Lust am Verführen und Erobern suchen Sie nicht oberflächliche, wechselnde Beziehungen, sondern entfalten Ihre volle Intensität und Phantasie in einer verbindlichen Partnerschaft.

Erotisches Typogramm

sexuelle Erregbarkeit	✗	✗	✗	✗	✗
erwartungsvolle Phantasie	✗	✗	✗		
einfühlende Resonanz	✗	✗			
hingebungsvolle Bindung	✗				

3
4
1

Erotik erleben Sie als berauschenden Sturm von lustvollen Vorstellungen und Körperreizen. Sie kommen leicht in Erregung, machen mit und sind durch keine kritischen Vorbehalte oder wählerische Zurückhaltung gehemmt. Ihr Begehren ist stark, impulsiv und rasch entzündbar. Die Verführung und sexuelle Abwechslung erleben Sie als Lust am unbekümmerten Spiel und reizvollen Abenteuer.

Erotisches Typogramm

sexuelle Erregbarkeit	✗	✗	✗	✗	✗
erwartungsvolle Phantasie	✗	✗	✗		
einfühlende Resonanz	✗				
hingebungsvolle Bindung	✗				

Einschneidende Enttäuschungen und wenig Vertrauen in eine gefühlvolle Übereinstimmung mit dem anderen auf gleicher Wellenlänge haben Ihre Einstellung zur Sexualität geprägt. Dadurch sind Sie ernüchtert. Sie bewahren sich und lassen keine Abhängigkeit von Gefühlen aufkommen.

Hingegen macht Ihnen Sex als unbekümmertes Spiel und unverbindliches Abenteuer oder als Provokation Spaß. Dabei machen Sie weder kritische Vorbehalte noch legen Sie Wert auf eine wählerische Zurückhaltung.

Erotisches Typogramm

sexuelle Erregbarkeit	✗				
erwartungsvolle Phantasie	✗	✗	✗		
einfühlende Resonanz	✗				
hingebungsvolle Bindung	✗				

4
1
2

Einschneidende Enttäuschungen und eine tiefsitzende Unsicherheit gegenüber erotischen Beziehungen haben Ihre Einstellung zur Sexualität maßgebend geprägt. Sie sind ernüchtert und kritisch vorsichtig geworden. Sie haben wenig Vertrauen, daß eine gefühlvolle Übereinstimmung auf gleicher Wellenlänge mit dem anderen möglich sei. Sie schützen sich mit kritischen Vorbehalten, um keine Abhängigkeit von Gefühlen aufkommen zu lassen.
Sie ziehen eine freundliche und ästhetisch ansprechende, aber unbelastende Beziehung einem sexuell begehrenden und erregenden Verhältnis vor.

Erotisches Typogramm

sexuelle Erregbarkeit	✗				
erwartungsvolle Phantasie	✗	✗	✗	✗	
einfühlende Resonanz	✗	✗			
hingebungsvolle Bindung	✗	✗			

Sie haben ein schwaches Selbstvertrauen in Ihre erotische Attraktivität. Darum sind Sie zurückhaltend und zögernd, wenn Sie jemandem begegnen, der Ihren ästhetischen Ansprüchen und hohen Erwartungen entspricht. Sie idealisieren den anderen auf romantisch phantasievolle Weise und hoffen, daß er die Initiative ergreift.

Ihre erotischen Bedürfnisse sind nicht leidenschaftlicher Sex, sondern sie äußern sich in ästhetischen Aufmerksamkeiten als Zeichen einer einfühlsamen und gefühlvollen Liebe.

Erotisches Typogramm

sexuelle Erregbarkeit	✗				
erwartungsvolle Phantasie	✗	✗	✗	✗	✗
einfühlende Resonanz	✗	✗	✗		
hingebungsvolle Bindung	✗				

4
2
1

Sie sind kein zupackender Draufgänger. Sie bleiben eher sehnsuchtsvoll beobachtend und zögernd.
Ihr erotischen Wünsche entzünden sich an ästhetisch beeindruckenden Erscheinungen. Für solche Ideale können Sie schwärmen und Ihre Vorstellungen mit romantischer Phantasie ausgestalten.
Sie verstehen es aber, durch reizvolle Attraktivität zu wirken und sich durch verwöhnende Aufmerksamkeiten beliebt zu machen, um die erwünschte Zuneigung zu gewinnen.

Erotisches Typogramm

sexuelle Erregbarkeit	X				
erwartungsvolle Phantasie	X	X	X	X	
einfühlende Resonanz	X	X	X		
hingebungsvolle Bindung	X	X			

Wenn Ihnen jemand begegnet, der Sie ästhetisch beeindruckt und Ihren Vorstellungen entspricht, beginnen Sie ihn zu idealisieren. Für solche Ideale können Sie dann schwärmen und Ihre Vorstellungen mit romantischer Phantasie ausgestalten.
Weil sie den andern idealisieren, hemmen Sie sich. Dadurch bleiben Sie sehnsuchtsvoll zögernd.
Sie verstehen es aber, durch reizvolle Attraktivität zu wirken und sich durch verwöhnende Aufmerksamkeiten beliebt zu machen, um die erwünschte Zuneigung zu gewinnen.

Erotisches Typogramm

sexuelle Erregbarkeit	✗	✗	✗		
erwartungsvolle Phantasie	✗	✗	✗	✗	✗
einfühlende Resonanz	✗	✗			
hingebungsvolle Bindung	✗				

4
3
1

Ihre erotische Liebe entzündet sich leicht und rasch, wenn Sie jemandem begegnen, den Sie als ästhetisch besonders ansprechend empfinden.
Eine solche Begegnung löst zwar ein spontanes Begehren aus, dennoch bleiben Sie zunächst zögernd, weil Sie den anderen idealisieren und sich dadurch hemmen.
Sobald aber eine Vertrautheit entsteht, können Sie die Sinnlichkeit lustvoll genießen. Durch Ihre Vorliebe für romantische Phantasien wird die erotische Beziehung immer wieder bereichert.

Erotisches Typogramm

sexuelle Erregbarkeit	✗	✗	✗		
erwartungsvolle Phantasie	✗	✗	✗	✗	
einfühlende Resonanz	✗				
hingebungsvolle Bindung	✗	✗			

Ihre illusionären Erwartungen, wie eine ideale und lustvolle Liebesbeziehung sein soll, haben zu einer Enttäuschung geführt, die Ihre Einstellung zur Partnerschaft und Sexualität maßgebend geprägt hat. Dadurch sind Sie ernüchtert und kritisch vorsichtig geworden. Sie haben wenig Vertrauen, daß eine gefühlvolle Übereinstimmung mit dem anderen möglich sei. Darum schützen Sie sich mit kritischen Vorbehalten, um keine Abhängigkeit von Gefühlen aufkommen zu lassen.
Um so mehr können Sie sich für ästhetische Gegenstände und Situationen lustvoll begeistern.

III

Das Seminar-Meeting

Ich weiß nicht, ob ich vielleicht überempfindlich bin«, sagte mein Freund Ralf, »aber ich kann doch Ungerechtigkeiten nicht einfach herunterschlucken, als ob nichts wäre. Muß man sich denn eine Elefantenhaut zulegen, um sich über die Rücksichtslosigkeit nicht mehr zu ärgern? Ich bin von Menschen, die unzuverlässig sind, enttäuscht. So was macht mir zu schaffen. Ist es eigentlich mein Fehler, daß ich gerade bei Menschen, die mir am nächsten stehen und die ich mag, am empfindlichsten reagiere? Schon wenn es heißt: ›Mach doch endlich...‹, ›Kannst Du denn nicht...‹, treffen mich solche Bemerkungen wie kleine Stiche. Ich weiß nicht, wie Du es hast, aber mich ärgert es, und ich bin enttäuscht, wenn Vereinbarungen kurzfristig abgesagt werden oder wenn man mich ausdrücklich einlädt, sich dann aber vor den Fernseher setzt, statt miteinander zu reden.

Zwischen Dir und mir sind solche Mißstimmungen nie vorgekommen. Weißt Du, woran es liegen kann, daß ich gegenüber Menschen, die ich gerne mag oder sogar besonders liebe, so empfindlich bin?«

Wir führten ein langes Gespräch. Dabei erwähnte ich ein Seminar, an dem wir solche Fragen zu klären versuchen.

»Du, ich habe nicht die geringste Lust, mich in einer Selbsterfahrungsgruppe darüber aufklären zu lassen, wer

ich sei, was ich fühle und warum ich etwas tue oder nicht tue.«

»Nein, das läuft bei uns nicht so«, beruhigte ich ihn. »Keiner will den anderen belehren, und wir moralisieren nicht. Wir versuchen einfach, im gemeinsamen Gespräch zu vernünftigen Einsichten zu kommen. Jeder trägt dazu bei, was er kann. Ich leite zwar das Seminar, aber ich will auf keinen Fall wie ein Schulmeister Wissen eintrichtern. Im Gegenteil, das versuche ich gerade zu vermeiden. Ich animiere die Teilnehmer aber, über Fragen, die sie beschäftigen, nachzudenken und sie zu Ende zu denken, damit sie die geeignete Lösung selber finden. Es hilft mir auch selber, solche Fragen oder Konflikte klarer zu verstehen, sie einzuordnen und mich dadurch von unnötigen Sorgen zu befreien.«

Das nächste Mal war Ralf bei unseren Gesprächen auch dabei. Hinterher berichtete er mir, daß bei ihm der Groschen gefallen sei, als ich das Beispiel mit den Möwen und dem inneren und äußeren Kreis erzählte. Um die Verliebtheit und Eifersucht zu verstehen, habe ihm der Vergleich mit dem Magneten sehr geholfen.

Wir kommen jeweils zweimal im Jahr für ein paar Tage in einem Berghotel über dem See von Luzern

zusammen. Goethe hat dieses eindrucksvolle Bergpanorama mit sechs Worten treffend charakterisiert: »... und rings die Herrlichkeit der Welt.« Wir genießen sie und auch die Herrlichkeiten, die wir dem Gaumen anbieten. Wir lieben witzige Bemerkungen, aber vor allem geht es uns um Themen, die wir für sinnvoll halten.
Es sind immer ungefähr 20 Teilnehmer. Nahezu die Hälfte sind Ärzte, einige sind Sekretärinnen, etliche Unternehmensleiter, einer ist Gymnasiallehrer und zwei sind Journalisten. Was mir an allen Beteiligten besonders gefällt, ist ihre menschliche Haltung, ihr Humor und eine gesunde Vernunft.

Einige Teilnehmer haben bei uns Übernamen. Claude zum Beispiel heißt bei uns Piz Zahn, denn er besitzt außer seiner Zahnarztpraxis eine Pizzeria. Manfred ist Schmerztherapeut. Weil er aus Kopenhagen kommt, ist er bei uns: der Wickinger. Seit einem Jahr nimmt auch seine junge Frau teil. Sie ist auch Ärztin und heißt Gabi. Sie findet oft am schnellsten eine treffende Antwort. Dadurch hat Manfred begriffen, wie klug seine Frau ist. Er findet, daß er durch diese Einsicht ein akzeptabler Ehemann geworden sei. Sascha ist der Jüngste. Er kommt mit seinen Eltern, die beide Ärzte sind, aus Essen. Sascha ist achtzehn, geht noch zur Schule und erfreut uns mit seinen vernünftigen Fragen. Vor allem hat sich Verita bei den Erörterungen über die echte, ganzheitliche Liebe beteiligt. Dafür möchte ich mich auch hier nochmals bedanken.

Verita heißt eigentlich Vera. Sie ist 35 und arbeitet als Lektorin in einem Buchverlag. Wir gaben ihr den Namen Verita, die Wahrheit, weil sie einen unbestechlichen Wahrheitswillen hat. Ich selber heiße übrigens Max. Ob ich heimlich auch einen oder mehrere Übernamen habe, hat man mir nicht verraten.

Der Verlauf unserer Gespräche geschieht spontan und ohne festgelegtes Konzept. Allerdings hatte ich mir diesmal vorgenommen und zu Anfang auch erwähnt, daß wir über die Liebe sprechen sollten und ebenso über das, was Harmonie in den menschlichen, theoretischen und praktischen Beziehungen bedeutet.

Für mich und die meisten von uns sind gerade diese Themen für das eigene Leben bedeutsam geworden. Ich möchte sie hier niederschreiben, weil auch Sie vielleicht ähnlich denken und dadurch in Ihren eigenen Überlegungen bestätigt werden, oder weil Ihr kritisches Mitdenken zu fruchtbaren Gedanken und Taten führen kann.

Natürlich möchte ich nicht die ganzen Gespräche

wiederholen, sondern nur das herausgreifen, was mir wesentlich erscheint. Zudem werde ich mich auf die Namen jener Teilnehmer beschränken, die an einem der Themen hauptsächlich beteiligt waren. Ich hoffe in Ihrem Interesse zu handeln, wenn ich den Verlauf der Gespräche straffe und insofern gekürzt habe.
Nachträglich habe ich den erörterten Themen einen Titel gegeben, damit Sie als Leser einen besseren Überblick haben.

Die Liebe

Als ich die Themen vorschlug, über die wir sprechen könnten, meldete sich sogleich Sascha, unser Jüngster: »Die Liebe würde mich interessieren. Da habe ich gerade ein Problem.«

»Gerne«, sagte ich, »aber kannst Du uns andeuten, worin das Problem besteht?«

Ohne zu zögern erzählte er uns, daß er über ein Jahr eine gleichaltrige Freundin hatte, mit der er in den Ferien eine zehntägige Radtour durch die Bretagne machen wollte. Wenige Tage vor der Abreise sagte sie ihm ab, weil sie mit einem anderen Jungen verreisen konnte, der zum Geburtstag ein Auto bekommen hatte.

Ich fragte: »Ist der Absage ein Streit vorausgegangen?«

»Nein, überhaupt nicht. Sie sagte ganz offen, daß sie es viel toller findet, mit dem Auto zu verreisen als selber fahren zu müssen.«

»Und was ist nun Dein Problem?«

»Ich war sehr enttäuscht. Ich sagte, dann ist Dir die Bequemlichkeit wichtiger als daß wir zusammen sind. Sie antwortete, ich sei altmodisch, und mit mir umherfahren könne sie noch lange.«

»Und was hast Du darauf geantwortet?« fragte ich weiter.

»Ich habe ihr gesagt, wenn Du das tust, dann ist es keine aufrichtige Liebe, dann liebst Du mich nicht wirklich. Sie hat gesagt, ich sei kleinlich, deswegen ein Theater zu

machen, und sie brauche Partner, die großzügig denken. Ich habe ihr gesagt, für mich sei das keine aufrichtige Liebe. Seither habe ich mich von ihr distanziert.«

Nun fiel mir Verita auf.

Sie schaute in Gedanken versunken vor sich hin, dann sagte sie, wie in einem Selbstgespräch: »Ja, eben, aufrichtige Liebe.«

Ich spürte, daß bei ihr ein wunder Punkt getroffen wurde, über den zu reden auch für Verita wichtig war.

Dann unterbrach sie unser Gespräch: »Darf ich Sie etwas fragen?«

»Natürlich«, sagte ich, »aber wir sind Sascha noch eine Antwort schuldig.«

»Sascha, Du hast gesagt, daß Du enttäuscht warst. Hättest Du so etwas von Deiner Freundin nicht erwartete?«

»Nein, auf keinen Fall. Das hat mich wirklich sehr enttäuscht.«

»Du hast festgestellt, daß sie Dich nicht aufrichtig liebt, und allem Anschein nach hast Du auch recht. Wenn Du tatsächlich recht hast, dann hast Du Dich offenbar in Deiner Freundin getäuscht. Dann siehst Du die Beziehung jetzt erst klar und richtig.«

»Ja diesen Eindruck habe ich tatsächlich«, bestätigte Sascha.

»Du bist jetzt die Täuschung losgeworden. Du hast sie

aus Dir entfernt. Du bist somit nicht mehr getäuscht, sondern ent-täuscht. Auch wenn es Dich zunächst schmerzlich getroffen hat, kannst Du froh sein, daß Du die Täuschung und diese Beziehung los bist.«
Sascha strahlte.

Endlich konnte Verita ihre Frage anbringen: »Gibt es eine echte Liebe? Sascha meint, daß es eine echte, aufrichtige Liebe geben muß. Das habe ich auch geglaubt, als ich noch so jung war wie er. Gibt es überhaupt die aufrichtige, echte Liebe? Eigentlich glaube ich auch heute noch daran, daß es sie gibt, aber ich weiß nicht mehr, was sie ist oder was ich dafür tun soll.
Als ich meinen Mann kennenlernte, war ich sicher, daß wir uns beide lieben. Wir konnten miteinander reden. Es war uns wichtig. Er ging darauf ein, wenn ich ihn etwas fragte und er erzählte, was ihn beschäftigte. Wir freuten uns, dem anderen Freude zu bereiten.
Auch die sexuelle Faszination war stark. Es machte ihm Spaß, mich in unerwarteten Situationen und an den ausgefallensten Orten zu verführen. Wir fühlten uns beide frei und waren gerne ein bißchen verrückt.
Mit der Zeit redete er immer weniger und wurde immer nüchterner. Allmählich hatte ich das Gefühl, er benutze mich sexuell nur zu seiner eigenen Befriedigung, ja eigentlich zu seiner Selbstbefriedigung. Wenn er mich

überhaupt noch streichelte, war es keine Zärtlichkeit mehr. Er berührte mich nur noch, um mich zu erregen. Seither hat er auch öfters andere Frauen.

Am Anfang dachte ich, das gehe wieder vorüber. Sein Verhalten hat mich zwar irritiert, aber ich habe ihn gleichwohl geliebt. Heute sehe ich eigentlich keinen Sinn mehr in unserer Beziehung. Wir leben ohne großen Streit nebeneinander her. Ich weiß nur, daß Liebe etwas anderes sein muß. Aber ich weiß nicht, ob ich mir falsche Vorstellungen mache, oder was ich selber falsch mache.

Trotz allem, ich glaube an die wirkliche Liebe. Aber ich stehe wie vor einer riesigen Wolke und hoffe immer noch, irgendwo in dieser Wolke müsse die Liebe zu finden sein. Wissen Sie es, was die Liebe ist?«

Ich spürte, daß es nicht nur für Verita und Sascha eine wichtige Frage war. Auch alle anderen, insbesondere die, welche als Ehepaare dabei waren, drangen darauf, das Thema als erstes zu erörtern.

An schwierige Aufgaben gehe ich langsam heran, wie ein vorsichtiges Tier, das sich an den Feind oder an die Beute heranschleicht. Das, was man Liebe nennt, ist so verschiedenartig, so vielfältig und bunt, als ob man in ein Kaleidoskop blicken würde. Die einen meinen, Liebe sei die sexuelle Reizbefriedigung. Darum sagen sie wie die Franzosen, Engländer und Italiener: »Liebe machen.« Andere wenden ihre größte

Liebe dem Hund oder ihrem Auto zu. Viele Mütter sind mit ihrem Mann zwar verheiratet, aber ihre Liebe gilt nur noch den Kindern.

Verita ergänzte: »In unserer Nachbarschaft wohnt einer, der lebt überhaupt nur für seinen Fußballclub. Wir haben oft gesagt, der liebt seinen Club mehr als alles andere.«

»Sie haben recht«, fuhr ich fort. »Man liebt nicht nur Dinge zum Anfassen. Es können auch Ideen oder Ziele sein. Wenn einer die größte Begeisterung und Liebe seiner wissenschaftlichen Forschung, ein anderer seiner politischen Überzeugung oder eine Nonne dem lieben Gott widmet, dann gilt deren Liebe einem Leitbild, das sie zu ihrem persönlichen Ideal machen.«

Verita unterbrach mich: »Verstehe ich das richtig? Man kann eigentlich alles lieben. Es ist ja tatsächlich so, der eine ist in einen Partner verliebt, ein anderer denkt genau so gern in jeder freien Minute an sein Hobby, und es ist ihm kein Aufwand an Zeit und Geld zu groß. Man muß wirklich sagen, er ist genauso verliebt in sein Ideal, wie andere in einen Menschen. Obwohl es mir nicht ganz behagt, sehe ich es ein: Wer liebt, kann dabei entweder an einen Menschen oder an einen Gegenstand oder an ein Ideal denken.«

»Ich verstehe Ihr Unbehagen. Aber Sie meinen eben

auch, Liebe sei bereits das, woran man oft und gerne denkt, an einen bestimmten Menschen oder an ein bestimmtes Ziel oder ein Wunschbild.
Da bin ich anderer Meinung: Ich finde, echte Liebe ist nicht das, woran man nur gerne denkt, sondern das, was man mit Hingabe wirklich tut.«
»Ja, klar, Sie haben recht«, sagte Verita, »das verstehe ich. Liebe ist das, was man mit engagierter Hingabe tut. Aber wie weiß ich, ob es Liebe ist, was ich tue?«
Nach kurzem Nachdenken antwortete ich: »Jeder liebt das, was für ihn unter allem anderen einen ganz besonderen Wert hat. Viele meinen, sie können oder – besser gesagt – sie wollen nur das lieben, was für sie einen einmaligen, einzigartigen und höchsten Wert hat.
Das braucht nicht gleich der liebe Gott oder ein Ideal oder ein Traumpartner zu sein. Beobachten Sie die Menschen, warum sie etwas tun: Für viele bedeutet Lust oder Sicherheit tatsächlich den höchsten Wert in ihrem Leben. Sie werden es vielleicht nüchtern finden, wenn ich das sage.«
Verita hob die Augenbrauen. »Das kommt mir aber wirklich nüchtern oder sogar banal vor. Soll das Liebe sein? Glauben Sie im Ernst, für viele Menschen bedeute Liebe nur Lust oder Sicherheit?«
»Wenn Sie mich so fragen, muß ich mit Ja antworten.

Aber ich muß vielleicht ganz von vorne anfangen. Was wir sicher wissen, ist, daß sich auch der Mensch wie alles Lebende seit Millionen von Jahren ständig fortpflanzt. Ohne Lust scheint das schon bei höheren Tieren nicht zu funktionieren.
Ich erinnere mich noch an die beiden letzten Zeilen aus dem ›Trunknen Lied‹ des Zarathustra von Friedrich Nietzsche. Ich las sie letztes Jahr auf dem Gedenkstein auf der Halbinsel Chasté am Silser See:

›Doch alle Lust will Ewigkeit –,
– will tiefe, tiefe Ewigkeit!‹

Lust, die uns als Reiz des Augenblicks erscheint, erkennt Nietzsche als die Voraussetzung für die Fortpflanzung. Was uns als allerpersönlichste Lust erscheint, steht im Dienst der überpersönlichen Fortpflanzung und damit der Ewigkeit des Lebens.
Außerdem benötigt der neugeborene Mensch, um überleben zu können, eine jahrelange Brutpflege. Darum brauchen vor allem Mutter und Kind Schutz und Sicherheit.
Sind sie damit einverstanden: Für die Fortpflanzung ist Lust und Sicherheit tatsächlich der höchste Wert?«
»Ja, sicher. Wenn man es rein biologisch betrachtet, ist das sicher richtig«, antwortete Verita.

»Gut«, sagte ich. »Beobachten Sie die Menschen. Wenn sie von Liebe reden, geht es ihnen meist entweder um Lust oder um Sicherheit, also um das, was offensichtlich der Wille der Natur ist. Sie können das nüchtern und banal finden. Ich würde es lieber ›natürlich‹ nennen. Sie müssen aber Lust und Sicherheit in ihrer bunten Vielfalt sehen. Nicht nur die sexuelle Reizbefriedigung macht Lust. Freude hat man auch an einem schönen Körper und an attraktiven Bewegungen.
Wem es in einer Beziehung nur um diese Lust geht, oder wer nur ausprobieren will, ob er sexy und begehrenswert wirkt, der flirtet. Er hat nicht die Absicht, eine Beziehung einzugehen, die als verständnis- und verantwortungsbereite Freundschaft oder Bindung aufgefaßt werden soll.«
»Genau das spüre ich so oft«, bestätigte Verita. »Es kommt vor, daß ich einen Mann sympathisch finde und mir eine Beziehung mit ihm gut vorstellen könnte. Aber es vergeht mir alle Lust, mich weiter mit ihm einzulassen, wenn ich merke, daß er nur darauf aus ist, daß ich ihn toll finde. Viele sind so selbstunsicher, daß sie meinen, sie müssen mich zuerst erobern und ins Bett kriegen, um sicher zu sein, daß sie mir etwas bedeuten. Warum muß denn ein sonst vernünftiger, sympathischer Mann sich gleich wie ein Gockel auf dem Hühnerhof aufführen, wenn er einer Frau gegenübertritt?«

»Sehen Sie«, erwiderte ich. »Nun erkennen Sie, wie die Natur für die Fortpflanzung sorgt. Sobald ein geeigneter Geschlechtspartner ins Blickfeld kommt, wird häufig das sexuelle Interesse aktiviert. Es schwingt fast immer mit, auch wenn kultivierte Menschen ihr erotisches Faible nicht so offensichtlich zeigen oder zulassen.

Lust klingt prosaisch und Flirt poetisch, aber sie sind verwandt. Sie dienen der Fortpflanzung. Der Flirt macht oft schon beim bloßen Kokettieren halt. Dann geht es nur darum, die eigene Anziehungskraft auszuprobieren, um sich im Rang der Attraktivität einzustufen. Man könnte ihn als den Bestätigungs-Flirt bezeichnen. Viele Männer haben schon Enttäuschungen oder Beschimpfungen und Ohrfeigen geerntet, wenn sie den Bestätigungs-Flirt mit einer sexuellen Absicht des Flirtens verwechselt haben.

Man kann auch das ganze Register der sexuellen Talente gegenseitig checken. Solange jedoch keine Absicht auf Verantwortung oder Bindung und Sicherheit besteht, bleibt die Beziehung unverbindlich. Sie bleibt ein Flirt, dann allerdings ein sexueller Flirt.«

»Sicher«, sagte Verita. »Flirt ist sicher nicht die ganze Liebe. Man könnte den Flirt vielleicht als Teil-Liebe bezeichnen.

Aber halten Sie denn das für die richtige Liebe, wenn

man sich streng an das Treueversprechen hält?« fragte Verita. »Ich habe ein Unbehagen bei diesem Wort. Ich empfinde es als Zwang. Ich möchte aus freier Entscheidung, nein, eigentlich aus meinem eigenen Bedürfnis treu sein. Mir mißfällt der Zwang zur Treue, nur weil man einmal voreilig oder naiv ein Versprechen abgegeben hat. Ich persönlich würde es deswegen sowieso nicht tun.«

»Ich bin auch Ihrer Meinung, Verita. Sie sehen, das Treueversprechen ist das Gegenstück zur Lust. Es bezweckt Sicherheit. Sicherheit ist der zweite Grund für das, was man Liebe nennt. Hier geht es nicht um den prickelnden Reiz der erotischen Verschmelzung. Hier hat die Beziehung den Zweck, zuverlässige und stabile Lebensverhältnisse zu stiften. Die Sicherheit wird meist auch mit einem Ehevertrag besiegelt.

Daß sie materielle Sicherheit bieten können, müssen manche mit Ziegen und Rindern beweisen. Andere tun es wenigstens anfänglich mit reichen Geschenken. Andere präsentieren sich als Beamte mit fester Anstellung, und manche haben einen Direktoren- oder Akademiker-Titel oder sonst ein gesellschaftliches Gütesiegel zu bieten.

Sicherheit wird auch als moralische Zuverlässigkeit verlangt. Mit der Treue ›bis daß der Tod Euch scheidet‹ soll man für die Sicherheit des Nachwuchses einstehen. Aber auch umgekehrt soll der Nachwuchs Sicherheit bieten gegen materielle Not und gegen Einsamkeit im Alter.«

Verita schüttelte den Kopf. »Nein, das klingt ja alles so egoistisch. Das kann doch nicht Liebe sein.«

»Sie haben recht, Verita. Es ist egoistisch. Aber es ist der Egoismus der Fortpflanzung. Es ist der Egoismus der natürlichen Liebe.«

Wieder schüttelte Verita den Kopf. »Wie paßt denn das zusammen: Egoismus und Liebe.«

»Verita, Sie haben mich gefragt, was Liebe sei. Sie können die zweckhaft-konservative Liebe, genau so wie den Flirt, als Teil-Liebe bezeichnen. Ich möchte Ihnen nur zeigen, wie vielfältig der Begriff ›Liebe‹ ist. Und wir sprechen von der naturgewollten, natürlichen Liebe, die der Fortpflanzung dient.«

Verita schwieg betroffen. Dann fuhr ich fort: »Die Liebe hat eine noch viel egoistischere Seite, die Sie auch kennen. Das ist die dominierende Liebe. Der eine Partner übt sie aus, und der andere akzeptiert die autoritäre Behandlung. Anscheinend braucht er einen dominierenden Partner, weil er ihn für stark hält und sich einbildet, autoritäre Stärke biete Sicherheit.«

»Ja, das sehe ich häufig, daß der eine mit größter Selbstverständlichkeit über den anderen verfügt, und der an-

dere läßt sich das gefallen. Wie kommt das? Warum will der eine Macht über den anderen haben? Macht und Liebe sind doch Gegensätze. Warum sucht einer Macht statt Liebe? Das ist mir ein Rätsel.«

»Das ist kein Rätsel«, entgegnete ich. »Macht will man haben, um sich gegen Hilflosigkeit wehren zu können. Schauen Sie, wir stehen schon als Säuglinge einer Welt gegenüber, der wir nie ganz gewachsen sind. Die einen fühlen sich immer unsicher. Die anderen wissen sich zu helfen. Sie verstehen es, über die eigene Unsicherheit hinauszuklettern und sich meist auf Kosten der anderen zu bereichern oder sich Macht anzueignen. Macht erzeugt ein Gefühl von Stärke, und durch Besitz verschafft man sich materielle Sicherheit.

Der Patriarch beweist die männliche Autorität mit seiner Verantwortung, der Macho mit seinem männlichen Organ. Solche Beziehungen könnte man als dominierende Liebe bezeichnen.«

Verita nickte. Man sah ihr an, daß ihr viele dominante Partnerschaften durch den Kopf gingen. »Ich kenne einige Paare, bei denen habe ich das Gefühl, das seien richtige Kampfbeziehungen. Aus Lust an der Macht versucht man den anderen zu provozieren oder bloßzustellen, zu demütigen und zu unterwerfen.

Leider habe ich um mich herum viele solche Ehen gese-

hen. Manche bleiben der Kinder wegen zusammen oder weil eine Scheidung teure Konsequenzen hätte. Man sieht den Menschen an, wie resigniert sie sind, wenn die Liebe fehlt.«

»Wissen Sie Verita, die meisten Beziehungen fangen eigentlich schon mit einem Machtkampf an, ähnlich wie bei den Tieren, bevor sie sich paaren. Die Macht der Werbung und Verführung macht sich der Mann zunutze. Die Macht des Unterleibes benutzt die Jungfrau und die Kokotte, um den Fisch mit Sicherheit an Land zu ziehen, wenn er genug gezappelt hat.

Stärke und Macht gelten als Zeichen der Sicherheit. Sicherheit ist ebenso wie die Lust eine Natur-Notwendigkeit für die Fortpflanzung des Menschen. In diesem Sinne muß man Lust und Sicherheit als die naturgegebene, die natürliche Liebe anerkennen.

Wenn jedoch die Sicherheit einer Beziehung durch einen Rivalen bedroht ist, dann bricht bekanntlich bei Vielen die Eifersucht aus. Dann schlägt die Macht der Liebe um in die Macht des Hasses.«

Die Eifersucht

»Eifersucht ist etwas, das mich interessiert«, unterbrach Verita. »Ist Eifersucht wirklich ein Zeichen der Liebe? Das hört man oft. Manche machen den Partner absichtlich eifersüchtig, um ihn an sich zu binden. Gehört Eifersucht zur Liebe?«

»Gehört Staub in die Wohnung? Gehört Streit zum Menschsein? Was häufig vorkommt, ist deswegen keineswegs normal.

Zunächst möchte ich eine Unklarheit beseitigen. Der Verlust des Liebespartners muß nicht zu Eifersucht führen. Wenn er stirbt, wird man ihm das normalerweise auch nicht übelnehmen. Ein unvergeßliches Beispiel von Eifersucht gegen den Gatten bis über seinen Tod hinaus habe ich in ›Das Harmoniegesetz in uns‹ beschrieben. Ich möchte die Sätze von Gloria wörtlich wiederholen: ›Ich will Ihnen sagen, warum ich zu Ihnen komme. Mein Mann ist tot. Ich habe ihn in den Selbstmord getrieben. Er hat meine Nörgeleien nicht mehr ertragen. Er hat sich in der Garage erhängt. Ich bin schuld daran. Was ich gemacht habe, ist Mord. Jetzt, wo er pensioniert war und wir unser Haus und den schönen Garten hätten genießen können, läßt er mich einfach allein. So eine Gemeinheit! Jetzt läßt er mich einfach sitzen.‹ Gloria, die ihn ständig mit unbegründeter Eifersucht drangsaliert hatte, war tatsächlich noch darauf eifer-

süchtig, daß er tot sein durfte, während sie alleine weiterleben mußte.
Wenn uns der Partner aber wirklich verläßt, um sich einem anderen zuzuwenden, sind wir enttäuscht. Aber Enttäuschung möchte ich nicht als Eifersucht bezeichnen.
Wer keine starke Selbstachtung hat, fühlt sich außerdem im Stolz verletzt, also beleidigt. Auch das Beleidigt-Sein und die Verletztheit sind verständlich, aber noch keine Eifersucht.
Als Eifersucht möchte ich nur jene in Wirklichkeit grundlose Befürchtung bezeichnen, der Partner habe an jemand anderem mehr Interesse oder er liebe jemand anderen, ohne daß es tatsächlich zutrifft. Diese auf Einbildung beruhende Eifersucht ist in der eigenen Unsicherheit und diese ist im Mangel an Selbstachtung begründet.
Eifersucht entsteht, wenn man den egoistisch übertriebenen Anspruch hat, den Partner für sich zu besitzen. Dann ist man zu recht unsicher, ob ein derart unangemessener, ja sogar unmoralischer Anspruch erfüllt wird. Wenn außerdem noch eine Selbstunsicherheit besteht, ist Eifersucht ein unvermeidliches Resultat. Der Eifersüchtige befürchtet wegen seiner eigenen Unsicherheit ständig und völlig unbegründet, daß die Sicherheit der Beziehung bedroht sei. Er

fürchtet unentwegt, beim Partner an Bedeutung zu verlieren oder dessen Interesse bereits verloren zu haben. Aus diesen beiden Gründen fühlt sich der Eifersüchtige bedroht. Er ist verzweifelt, weil er sich in dieser Situation hilflos fühlt. Der Eifersüchtige reagiert auf seine Hilflosigkeit aber nicht mit Resignation. Er bekämpft seine Unsicherheit, sein Gefühl der Ohnmacht und Verlorenheit mit Aggressionen, mit Vorwürfen und Anschuldigungen. So entsteht als Machtkampf das nutzlose und zerstörerische Ping-Pong-Spiel der gegenseitigen Beschuldigungen. Aber Liebe läßt sich mit keinem Mittel der Macht erzwingen. Im Gegenteil: Liebe und Macht sind polare Gegensätze.«

Spontan bestätigte Verita: »Davon bin ich überzeugt. Entweder man mag jemanden und man kommt sich näher, oder das ganze Werben ist eine nutzlose Aufdringlichkeit. Liebe läßt sich nicht erzwingen. Liebe hat mit Macht wirklich nichts zu tun.«

»Nein, so habe ich es nicht gemeint«, widersprach ich. »Liebe und Macht sind polare Gegensätze, das stimmt. Aber es mag Sie überraschen: Sie gehören als Polarität zusammen wie die beiden Pole eines Magneten. Sie bilden eine Ganzheit. Ich sehe es kurz gesagt so: Bei der echten Liebe fühlt man sich selber stark und sicher und in diesem Sinne mächtig. Darum hat man auch keinen Machtanspruch gegenüber dem Partner. Jede Art von Machteinfluß würde in der echten Liebe zerstörerisch wirken.

Bei der Verliebtheit hingegen und beim Anspruch, geliebt zu werden, fühlt man Stärke und Sicherheit nicht in sich selbst, sondern man möchte sich stark fühlen durch den Machteinfluß, den man auf den anderen ausübt.«

Claude wandte ein: »Aber das muß doch nicht so sein, wenn man verliebt ist. Später gibt es zwar häufig offene oder verdeckte Machtkämpfe, aber doch nicht, wenn man verliebt ist. Dann tut man sich doch alles zu liebe, was man kann.«

Ich erwiderte: »Das möchte ich nicht abstreiten. Aber, wenn Sie verliebt sind, möchten Sie doch, daß der andere von Ihnen begeistert und fasziniert ist. Sie wollen doch, daß er Sie begehrt. Genau das ist der Machteinfluß, den Sie auf ihn ausüben wollen. All die Mittel, die Sie einsetzen, um sich attraktiv zu machen, dienen dazu, den anderen für sich zu gewinnen. Sobald Sie ihn erobert haben, steht er unter ihrem Machteinfluß. Es gibt viele Beziehungen, bei denen die Faszination vor allem darin besteht, den anderen sexuell erregen zu können, um die eigene Macht über ihn zu spüren.«

Damit war Verita einverstanden. »Das leuchtet mir ein.

Ich kann mir gut vorstellen, daß man ein Gefühl der Bestätigung und der Macht erlebt, wenn man den anderen beeindrucken kann.
Aber Sie haben mir noch nicht erklärt, warum man den anderen eifersüchtig macht, um ihn an sich zu binden. Warum meinen viele, Eifersucht gehöre zur Liebe? Ich selber kann das nicht finden?«
Ich versuchte den Zusammenhang so zu erklären: »Wenn man sich verliebt, ist man überzeugt, durch den Partner endlich das zu besitzen, was man bisher entbehrt hat. Dieses beflügelnde Gefühl, daß man nun alles hat, was zur Harmonie mit der Welt gehöre, empfinden wir als Stärke und Sicherheit. Im Glücksgefühl der Verliebtheit fühlen wir uns sicher und gegen alle Entbehrungen und Anfeindungen gewappnet.
Bei der echten Liebe fühlt man sich selber stark und sicher. Bei der Verliebtheit hingegen ist man nicht durch sich selber gefestigt, sondern fühlt sich wegen des anderen sicher.
Sobald man aber meint, die Attraktivität und damit den Einfluß auf den Partner verloren zu haben, fällt man zurück in den Zustand der eigenen Unsicherheit mit all den Entbehrungen. Die Eifersucht ist ein Kampf gegen den Untergang in der eigenen Hilflosigkeit und Verzweiflung.

Wer also den anderen zur Eifersucht reizt, will dessen Besitz- und Machtanspruch anstacheln, um von ihm wieder begehrt zu werden. Dabei bildet er sich ein, wenn man jemanden besitzen will, dann trage man auch liebevoll Sorge zu seinem Besitz. Das allerdings ist eine falsche Rechnung. Ein Eifersüchtiger mag zwar versuchen, den anderen mit allerlei zu verwöhnen, um ihn an sich zu binden und ihn damit für sich zu kaufen, aber liebevolle Fürsorge ist das nicht. Es ist vielmehr eine unfaire Art, den anderen von sich abhängig zu machen, um ihn dadurch zu dominieren und zu besitzen.«

Wieder schüttelte Verita den Kopf. »Die dominierende Liebe ist ja auch wiederum nur eine Teil-Liebe wie der Flirt und die konservative Liebe. Es ist eigenartig«, fuhr sie fort. »Ich stelle mir unter Liebe etwas ganz anderes vor. Aber das ist ja das Seltsame, ich kann nicht sagen, was ich mir vorstelle. Es müßte ein ähnliches Gefühl wie die Verliebtheit sein, vielleicht nicht so schwärmerisch, dafür aber müßte es eine feste und dauernde Basis haben.«

Die Verliebtheit

Ich schmunzelte, denn die Verliebtheit ist nicht nur in der Praxis, sondern auch als Gespräch ein reizvolles Thema. Ich begann: »Verliebtheit ist ein faszinierendes Hochgefühl. Das stimmt. Verliebtheit kann die Türe zur Poesie des Lebens öffnen. Aber viele schauen doch nur durchs Schlüsselloch. Manche halten die Verliebtheit für die einzig richtige Liebe. Wenn die Verliebtheit vorbei ist, suchen sie einen neuen Partner, der die Traumvorstellungen besser erfüllen soll. Um den schwärmerischen Höhenflug zu erleben, brauchen und mißbrauchen sie darum immer neue Opfer, die all ihre Sehnsüchte und Illusionen erfüllen sollen. Schlagertexte und Liebeslyrik liefern die Gebrauchsanweisung dazu.«

Claude bereitete meine Attacke auf die Verliebtheit offensichtlich Unbehagen: »Also davon bin ich nicht überzeugt. Es gibt doch eine Form von Liebe, die einen gleich packt, und man spürt gegenseitig, das ist es, was ich immer ersehnt habe. Ich meine, man ist von einer innigen Begeisterung ergriffen, weil dieser Mensch nun all die Werte besitzt, die man bisher vergeblich gesucht hat.«

»Ich weiß, was Sie meinen: Die Liebe auf den ersten Blick, die zugleich die echte Liebe ist.«

»Ja, das meine ich. Das muß es doch geben«, antwortete Claude.

Ich fragte weiter: »Sind Sie auf diese Weise der echten, großen Liebe begegnet?«

»Nein, bei uns hat zwar eine Zuneigung bestanden, aber die tiefe Verbundenheit, die wir jetzt empfinden, ist eigentlich allmählich gewachsen. Ich möchte sagen, im Grunde sind es sogar die schwierigen Situationen, die uns immer stärker zusammengebracht haben.«

»Sie träumen also nur davon, daß mit der Liebe auf den ersten Blick, die große und echte Liebe eintritt. Selber erlebt haben Sie es aber noch nicht.

Ich möchte ausführlicher erklären, was ich meine. Die Verliebtheit und die romantische, schwärmerische Liebe, wie sie in Romanen, Schlagertexten, Operetten und Kosmetikmagazinen verherrlicht wird, sind Bilder der Sehnsucht. Man könnte sie mit der Notenschrift von bezaubernden Melodien vergleichen. Vorläufig sind es aber nur die Noten einer Partitur und noch keine Musik. Die Musik muß man selber machen, und genau so muß man die echte Liebe auch selber erzeugen.

Es ist keineswegs selbstverständlich, daß man die richtige Partitur für die Liebe besitzt. Zudem ist es viel leichter, sich mit einer falschen Partitur in andere zu verlieben. Die künstlichen, aufgesetzten Reize sind nämlich für illusionäre Sehnsüchte besonders attraktiv.

Meist sind es die äußerlich wahrnehmbaren Reize, das Aussehen, der ganze Körper von Kopf bis Fuß, Haare, Augen, Mund, Brust, Hände, Gesäß und Beine. Was oft zuerst auffällt, ist die Kleidung. Wichtiger aber ist der Ausdruck, die Bewegung und Haltung, die wir als Ausstrahlung empfinden. Wenn die vorwiegend sichtbaren Signale den Erwartungen entsprechen, dann genügen sie für viele, um sich zu verlieben. Die Türe ist aufgestoßen zu dem, was Lust oder Sicherheit verspricht. Zu dem also, was wir die naturgewollte, natürliche Liebe genannt haben.

Für Menschen, denen auch geistige Werte wichtig sind, muß zudem ein umfassendes Register an Wertvorstellungen mit all dem anderen übereinstimmen, damit sich das Gefühl einstellt: Wir haben die gleiche Wellenlänge. Vor allem werden der Charakter in seiner fast unergründlichen Vielseitigkeit sowie die Interessen und die Intelligenz beurteilt. Wenn auch hier eine starke Übereinstimmung besteht, dann meint man, mit der Verliebtheit auch die echte Liebe gefunden zu haben. Aber die echte Liebe kann man auch bei den besten Voraussetzungen nicht finden, sondern man muß sie selber gestalten.

Mit der Verliebtheit kann man die eigene Einsamkeit und die Unfähigkeit, wirklich lieben zu können, immer nur kurzfristig betäuben. Um aus diesem Teufelskreis von wiederholter Verliebtheit und Enttäuschung, an dem viele Beziehungen scheitern, herauszukommen und die echte Liebe zu finden, muß man umdrehen. Man muß umschalten, um vom Rückwärtsgang der illusionären Erwartungen in den Vorwärtsgang der wirklichen Liebe zu kommen.«

Claude gab nicht auf. »Aber ich würde doch gerne wissen, warum man bei bestimmten Menschen, die man ganz kurz trifft, ein deutliches, manchmal das überwältigende Gefühl hat, das ist jetzt der Partner, den ich schon immer gesucht habe. Was bewirkt diese erregende, ja geradezu aufwühlende Faszination?«

Das Magnetfeld der Attraktivität

Ich antwortete: »Wenn ich vorher nur die allgemeinen Gründe der Attraktivität erwähnt habe, so ging es mir darum zu zeigen, daß die Faszination nur die Ouvertüre zu einer echten Liebe sein kann. Ich will aber der reizvollen Frage, wodurch eine faszinierende Attraktivität entsteht, nicht ausweichen.
Sie wissen ja, man sitzt im Café oder sieht irgendwo Menschen, und ständig läuft im Kopf, in der Brust oder im Bauch ein kleines Zählwerk. Es bewertet blitzartig jeden, der in Erscheinung tritt, als sympathisch und interessant oder als gleichgültig und uninteressant. Und dann gibt es eben Fälle, wo das Zählwerk plötzlich blockiert, weil die Sicherung durchbrennt. Der Blitz hat gezündet, und unsere Gefühle sind entbrannt. Die Faszination reißt uns mit. Wie und warum entsteht diese Faszination? Können wir dieses Geheimnis aufklären?
Dazu möchte ich zwei Erfahrungen berichten, die ein Schlüssel zum Verständnis sein können. Ich war noch ein junger Therapeut, als eine etwa 23jährige Frau mich aufsuchte. Sie liebte einen Mann abgöttisch, doch mußte sie feststellen, daß er an ihr kaum interessiert war. Als ich hörte, daß er ihr Traummann sei, weil er ihre drei Idealvorstellungen erfülle: Schwarze Haare, schlank und groß, fragte ich: ›Und was sonst macht Sie so verliebt?«

»Ich weiß es nicht, ich kenne ihn ja kaum«, war die Antwort.

Die Begegnung hat sich mir eingeprägt, denn bisher hätte ich mir nicht vorstellen können, daß wegen dieser wenigen Äußerlichkeiten eine so leidenschaftliche Verliebtheit möglich sei.

Nun ein entgegengesetztes Beispiel. Eine gut aussehende, sensible und intelligente Studentin beobachtete einen Kommilitonen, der unter allen Männern die imponierendste Erscheinung war. Sie fand, das ist nun einmal ein Mann, in den ich mich verlieben könnte. Dank ihrem attraktiven Aussehen wurde sie nach einigen Wochen von ihm angesprochen und zum Essen eingeladen. Damit schienen alle Voraussetzungen für eine große love story gegeben zu sein. Das Gegenteil trat ein. Obwohl der Mann gut aussah und einen intelligenten Eindruck machte, war der Erfolg nichts als Gleichgültigkeit. Das Äußere war imponierend, aber die erwartete Verliebtheit trat nicht ein. Was blockierte sie?

Was erzeugte die Verliebtheit im ersten Beispiel? Was verhinderte die Verliebtheit im zweiten Fall?

Es gibt offenbar zwei grundsätzlich verschiedenartige Gründe zur Verliebtheit. Die eine Ursache ist leicht zu erklären. Sie besteht in der äußerlich wahrnehmbaren Erscheinung. Besonders die Körpergestalt, die

Kleidung und Haare können als attraktive Signale wirken.

Die zweite Ursache der Attraktivität ist äußerlich nicht wahrnehmbar. Sie ist kein sichtbares Bild, das man fotografieren könnte. Sie ist das, was wir meinen, wenn wir von der Persönlichkeit eines Menschen sprechen. Jeden Menschen erleben wir als charakteristische Persönlichkeit. Was wir dabei mehr oder weniger deutlich erkennen, ist seine psychische und geistige Haltung, also seine Eigenart und Gesinnung. Ich möchte sie als das Wesen eines Menschen bezeichnen.

Das Wesen eines Menschen kann man nicht sehen, aber man kann es erleben und intuitiv verstehen. Wir spüren und erfassen es auf Grund von zahllosen Äußerungen, die wir blitzschnell, aber vorwiegend unbewußt wahrnehmen, wie zum Beispiel den Ausdruck der Körperbewegungen, der Augen und des Mundes. Das Wesen eines Menschen erkennen wir weniger durch das, was er sagt, als wie er es sagt.

Wir erfühlen intuitiv die Eigenart eines anderen Menschen, weil wir uns in ihn einfühlen und fähig sind, auch selber auf ähnliche Weise zu erleben. Darum erkennen wir seine Wesensart oft schon nach wenigen Augenblicken, ohne zu wissen, warum wir diese Empfindung haben, und ohne sie mit Worten erklären zu können. So wie wir eine Melodie schon nach wenigen Tönen erkennen, so spürt der Erfahrene das Wesen eines anderen schnell und deutlich. Verliebtheit kann also entweder durch äußere und dann meist erotische Merkmale ausgelöst werden oder sie entsteht dann, wenn man Wesensmerkmale erkennt, die man sich für eine Partnerschaft ersehnt.

Manfred warf ein: »Das meine ich ja. Es kommt doch oft vor, daß ich eine Frau attraktiv finde. Da ist es doch begreiflich, daß man sich öfter verlieben kann. Ich gebe zu, daß es mich stolz macht, wenn ich mich mit einer schönen Frau zeige und alle Männer den Kopf nach ihr umdrehen. Ist es da verwunderlich, wenn man sich in eine attraktive Frau verliebt?«

»Genau das ist unsere Frage: Unter welchen Bedingungen verliebt man sich? Muß der andere zum Beispiel sexy oder prominent oder reich oder anhänglich oder hilfsbedürftig sein. Wenn wir diese Frage gelöst haben, ist es nicht mehr verwunderlich, warum man sich gerade in diesen Menschen verliebt.

Ich habe gesagt, wenn entweder äußere Merkmale oder wenn Wesensmerkmale den Erwartungen entsprechen, dann verliebt man sich. Worin diese Merkmale bestehen, darüber wollen wir ausführlich sprechen. Vorher aber müssen wir uns darüber Klarheit verschaffen, was das Wort ›Erwartungen‹ für die Verliebtheit bedeutet.

Wer etwas erwartet, nimmt normalerweise an, daß es so eintritt, wie er es bisher erfahren hat. Man erwartet selbstverständlich, daß nach der Nacht wieder ein Tag folgt, daß wir für eine Leistung angemessen belohnt werden oder daß wir für eine Ware einen entsprechenden Preis zu bezahlen haben.

Die Erwartungen der Verliebtheit hingegen sind ganz anderer Art. Man erwartet nicht, was man bereits vielfach erfahren hat, sondern ganz im Gegenteil: Man erwartet das, was man zwar immer gesucht und erhofft, aber bisher noch nicht gefunden und nie erlebt hat. Um sich zu verlieben, erwartet man gerade das, was man bisher noch nie erfahren hat.

Genau genommen stehen die Erwartungen der Verliebtheit also im Gegensatz zu den realen Erfahrungen. Darum sind sie stets Wunschbilder oder sehnlichst erhoffte Ideale.

Solche Erwartungen, die dringende Wünsche und Sehnsüchte sind, entstehen immer aus einer Ursache. Ihre Ursache ist ein Defizit, ein Mangel. Jedes Defizit erzeugt den dringenden Wunsch, den Mangel zu beheben. Ein Durstiger wünscht sich nichts sehnlicher, als trinken zu können.

Was sich beim Verlieben ereignet, läßt sich mit einem

Magneten in der Form eines Hufeisens vergleichen. Der eine Pol ist negativ, der gegenüberliegende ist positiv geladen. Der negative Pol entspricht dem Defizit. Der positive Pol ist mit den Wünschen vergleichbar. Zwischen den beiden Polen besteht ein Magnetfeld. Metall, das in dieses Feld gerät, wird mit aller Heftigkeit angezogen und bleibt zwischen den beiden Polen haften.
So wie beim Magnetfeld zwischen dem negativen Pol und dem positiven Pol eine unwiderstehliche Anziehungskraft herrscht, so bewirkt die Spannung zwischen dem psychischen Defizit und der ersehnten Erwartung eine leidenschaftliche Attraktivität, der man nur mit heroischer Vernunft widerstehen kann.«
Gabi lachte. »Genau so komme ich mir vor, wenn wieder einmal der Blitz bei mir eingeschlagen hat. Gibt es einen Blitzableiter, oder sind wir der Leidenschaft wie einem Naturereignis ausgeliefert? Ich glaube, man müßte wissen, wo das eigene Defizit steckt.«
»Ja, das ist unsere Frage«, fuhr ich weiter. »Wodurch entsteht ein Defizit an Liebe? Weshalb bleibt das Bedürfnis nach einer freudigen und beglückenden Liebesbeziehung für die meisten Menschen unerfüllt? Viele leiden sogar unter dem Gefühl der inneren Einsamkeit, obwohl sie mit einem Partner zusammenleben. Sie sehnen sich nach einem Menschen, zu dem

eine von Liebe erfüllte Beziehung möglich wäre. Das Defizit an liebevollen Beziehungen entsteht, nicht weil es an möglichen Partnern fehlt, sondern weil man die sich anbietenden Möglichkeiten nicht nutzt. Schuld daran ist die eigene Gehemmtheit, die Angst vor Zurückweisung oder Gefühle eigener Unsicherheit oder die Unselbständigkeit, die Verletzlichkeit oder die Annahme, für einen anderen nicht attraktiv genug auszusehen oder ihm nichts zu bedeuten. Obgleich diese Gefühle meist nur falsche Einbildungen sind, belasten sie das Leben vieler Menschen. Um sich davon zu entlasten, sehnt man sich nach einem Partner, der genau das, was einem selber fehlt, womöglich im Übermaß hat. Wer sich selber äußerlich nicht attraktiv genug findet oder glaubt, für andere nicht interessant genug zu sein, verliebt sich leicht in jemanden, den er für besonders anziehend und interessant hält.«

Claude warf ein: »Ist das heute nicht ganz anders geworden? Heute redet man doch ganz offen über Sex. Man kann doch mit der gleichen Unbekümmertheit über Zähneputzen wie über Orgasmus sprechen.«

Ich antwortete: »Zwischen den Worten und dem Tun ist der Unterschied so groß, wie zwischen dem Plan von Paris und der wirklichen Stadt. Ich finde, trotz aller erotischer Befreiung im Reden und in der

Darstellung fühlen sich die Menschen bei erotischen Begegnungen nach wie vor unfrei, unsicher und ängstlich, denn hier geht es nicht um Worte und Bilder, sondern um das Verhältnis der eigenen Persönlichkeit zum anderen Menschen als Persönlichkeit. Wegen dieser Unsicherheit und Blockierung gegenüber der Persönlichkeit des anderen bleibt bei den meisten auch die spontane erotische Zuwendung gehemmt.

Jedesmal, wenn das Gefühl der Sympathie oder Faszination zwar empfunden, aber unterdrückt wird, verstärkt sich die erotische Gehemmtheit und damit das Defizit.

Männer, die Prostituierte benützen, haben entweder Angst vor einer echten, persönlichen Beziehung oder sie wollen gerade eine unpersönliche Sexualbeziehung. In Kulturen des moralistischen Fundamentalismus entsteht durch die Unterdrückung der erotischen Gefühle eine abnorme Einstellung zur Sexualität. Sie führt zu sadistisch-masochistischen Praktiken (Schlagen, Steinigen, Wegschneiden der Klitoris) und zu einer krankhaften Eifersucht oder zu religiös verbrämten Wahnvorstellungen wie zum Beispiel die Hexenjagd oder die Belohnung der im Heiligen Krieg Gefallen mit Jungfrauen im Paradies.

Weil die spontane erotische Zuwendung bei den meisten Menschen gehemmt ist, besteht gerade in dieser Hinsicht ein andauerndes Defizit. Darum verlieben sich viele in sexuell attraktive Partner, welche die ersehnte erotische Erfüllung oder eine besondere Art der sexuellen Befriedigung verheißen. Bei manchen entzündet sich die Verliebtheit, weil der andere selbstsicher und selbständig erscheint und dadurch den Eindruck von Sicherheit und Geborgenheit vermittelt. Manche verlieben sich in einen Partner, weil er heiter, spontan und kontaktfreudig wirkt. Die eigene Gehemmtheit soll dadurch weniger auffallen und erkennbar sein. Manchen imponiert die gesellschaftliche Prominenz des anderen oder der Luxus, den er zu bieten hat. Jedes eigene Defizit genügt, um eine schwärmerische Verliebtheit auszulösen.

In all diesen Fällen sucht man zwar den Ausgleich zur eigenen Schwäche, aber das Fatale dabei ist, daß man sich genau von denjenigen Menschen beeindrucken läßt, die auf die entgegengesetzte Weise aus dem Gleichgewicht geraten sind. Wer sich unbedeutend fühlt, fällt auf den Angeber herein. Wer sich einsam fühlt, bildet sich ein, bei einem Partner, der sich anklammert, Geborgenheit und Sicherheit zu finden. Wer selbstunsicher ist, läßt sich von selbstherrlichem Auftreten beeindrucken. Wer das eigene Defizit durch einen Partner kompensieren will, fällt ausgerechnet auf die Kehrseite des Übels herein. Wer sich verliebt, weil er sein Defizit und sein fehlendes Gleichgewicht durch einen Partner wett machen will, kommt nicht in den siebenten Himmel, sondern vom Regen in die Traufe.

Das von jedem benötigte eigene Gleichgewicht kann man nicht auf dem Umweg über einen anderen finden; auch nicht über den Rausch der Verliebtheit. Das eigene Gleichgewicht, diese unbedingte Notwendigkeit für jede Art des Wohlbefindens, muß man sich selber erschaffen. Dann allerdings ist man zur echten Liebe bereit.«

Claude setzte sich zur Wehr, wie wenn er persönlich angegriffen worden wäre: »Sie vermiesen uns die Verliebtheit. Ich finde sie etwas Schönes.«

»Und ich finde sie faszinierend, beflügelnd, beglückend«, erwiderte ich aus ehrlicher Überzeugung. »Ich will die Verliebtheit nicht mies machen. Erstens fördert sie die naturgewollte Liebe, die der Sexualität und Fortpflanzung dient, und zweitens erzeugt sie ein Wonnegefühl, das uns froh und aufgeschlossen macht und viele sogar zu kreativem Elan beflügelt.

Verstehen Sie mich richtig, ich verurteile die Verliebtheit nicht, sondern ich definiere sie. Die Definition der verliebten Erwartungen und deren Ursache soll Klarheit schaffen. Sie soll uns vor allem die Augen dafür öffnen, daß Verliebtheit und echte Liebe zwei radikal verschiedene Beweggründe haben. Es ist anders, als es Schlager, Liebeslyrik, Romane und die meisten Bücher über die Liebe simplifiziert und einäugig sehen. Die Ursache der Verliebtheit und der Grund zur echten Liebe sind völlig verschieden.«

Gabi wollte es genau wissen: »Gut, ich spüre den Unterschied. Jetzt, wo Sie es sagen, wird mir auch klar, daß bei vielen Beziehungen, die glorios angefangen haben, die Verliebtheit zur Enttäuschung und zu einem manchmal schmerzlichen Ende führen mußte. Ich kann verstehen, daß die Verliebtheit falsche Erwartungen erzeugt, die früher oder später, meist innerhalb der drei ersten Ehejahre, enttäuscht werden.«

Ich versuchte Gabis Worte in einem Bilde zu verdeutlichen: »Mir kommt es so vor, als ob sich die beiden Lebenslinien von zwei Menschen in dem Augenblick kreuzen, wenn sie sich verlieben. Das Magnetfeld hat darum seine Anziehungskraft, weil der aktuelle Defizitpol des einen dem gegenwärtigen Positivpol des anderen begegnet.

Schon durch diese Ergänzung kann sich das Defizit verringern. Man fühlt sich bestätigt. Man ist sexuell befriedigt oder ist materiell gesichert. Jeder verändert sich durch das Zusammensein. Jeder wird zu einem anderen, als er vor der Begegnung war. Weil sich jeder in der neuen Situation anders fühlt als vorher, laufen die Lebenslinien in jedem Fall auseinander, wenn keine parallelen Interessen bestehen. Das Interesse an Lust und Sicherheit hat in früheren Zeiten meist ausgereicht, um die Partnerschaft zu stiften und zu erhalten. Da in unseren Verhältnissen beides für viele verfügbar geworden ist, wird von einer Partnerschaft heute mehr erwartet. Dieses Mehr ist aber nicht durch Geld und Konsum, nicht durch Sex und nicht durch gesellschaftliches Prestige zu erreichen, denn es muß ein Mehr an geistiger Aktivität sein.

Weil die geistige Aktivität fehlt, brechen die Lebenslinien nach einigen Ehejahren auseinander oder man trottet resigniert nebeneinander her.«

Gabi fuhr fort: »Jetzt begreife ich auch, daß man die Beziehung dadurch nicht retten kann, daß man die Verliebtheit wieder aufzufrischen versucht. Mir kamen die Ratschläge schon immer einfältig und albern vor, daß man die Verliebtheit durch Reizwäsche oder durch ein Weekend in einem Hotel oder durch Stellungs- und Partnerwechsel wieder anheizen will.

Das leuchtet mir ein, wir müssen von der Verliebtheit umsteigen in die echte Liebe. Wir müssen vom Rück-

wärtsgang der illusionären Erwartungen umschalten in den Vorwärtsgang der echten Liebe.«

»Genau so sehe ich es auch«, bestätigte ich. »Es soll nicht ein Neuanfang der Verliebtheit sein, sondern eine neue Art der Beziehung, nämlich die stabile Beziehung einer echten Liebe.«

Die Grundtypen der Attraktivität

»Jetzt habe ich aber meine Frage noch nicht gestellt«, sagte Gabi. »Was sind die Ursachen der Verliebtheit. Und was mich auch interessieren würde: Gibt es Typen, auf die man besonders reagiert? Das habe ich bei mir selbst und auch bei meinen Freundinnen beobachten können. Wenn ich einen bestimmten Typ von Mann gesehen habe, dann wußte ich schon, welche meiner Freundinnen auf den fliegen wird.«

»Genau das habe ich vor. Wir wollen versuchen, die Ursache zu erkennen und zu sehen, wie sie sich auswirkt, also, um ihre Worte zu gebrauchen: Wir wollen verstehen, aus welchem Grund man auf einen bestimmten Typ fliegt.

Ich möchte ein Beispiel erzählen, das ich direkt beobachten konnte, weil die etwa 22jährige, recht hübsche Frau als Sekretärin für mich arbeitete. Sie war zuverlässig und sehr freundlich, hatte aber ein schwaches Selbstvertrauen. Ein auffallend gut aussehender junger Jurist umwarb sie. Sein Defizit ist durch die Lieblosigkeit seiner geschiedenen Mutter entstanden. Er spürte, daß er ihr im Wege stand, wenn sie auf neue Partner aus war. Wegen der entbehrten Liebe und Verbundenheit hatte er den sehnlichsten Wunsch, sich an den Liebespartner anzuklammern. Das führte zu einer unterwürfigen Verliebtheit. Es ging so weit, daß er die Angebetete abends oft mit seinem Auto in eine Nachbarstadt fuhr, damit sie dort den Musiker bewundern konnte, in den sie sich verliebt hatte. Der Liebesdienst hatte sich natürlich nicht ausgezahlt. Statt der erhofften Dankbarkeit und Liebe erntete er die Qualifikation Waschlappen und Liebeskutscher.

Dann traf sie den Mann, den sie heiraten wollte. Was ihr an ihm imponierte, war sein selbstbewußtes Auftreten. Diese Rolle spielte er, weil er der selbstherrliche Sohn eines reichen Industriellen war. Was der Frau zuerst als Selbstsicherheit imponierte, hat sich in der Ehe als autoritäre Überheblichkeit erwiesen. Selbst das sexuelle Verhalten des Mannes kannte keinerlei Zärtlichkeit. Mit Überraschungsangriffen versuchte er seine Frau zu vergewaltigen. Das gelang ihm jeweils erst, wenn sie sich aus Erschöpfung nicht mehr wehren konnte. Diese Szenen waren für die Frau nicht nur demütigend sondern auch schmerzhaft.

Warum hatten sich die beiden in einander verliebt? Das Beispiel gibt die Struktur der Verliebtheit deutlich wieder: Das Defizit der Frau war das schwache Selbstvertrauen. Darum fiel sie auf die gespielte autoritäre Selbstherrlichkeit des Partners herein.

Als die Frau an einem warmen Sommerabend vorschlug, einen kleinen Spaziergang zu machen, fragte er, wozu das nötig sei. Aus Verlegenheit sagte sie nicht, um die Abendstimmung gemeinsam zu genießen, sondern ›um den Mond anzuschauen‹. ›Blödsinn, hast Du den noch nie gesehen?‹ war sein nüchterne Antwort. Das Defizit des Mannes war sein Unvermögen, auf die Gefühle des anderen einzugehen, seine Unfähigkeit zu liebevoller Zuwendung, zu einfühlsamem Verständnis, zu Verbundenheit und Zärtlichkeit. Weil er von jeder einigermaßen selbstsicheren Frau zurückgewiesen würde, darum benötigte und suchte er eine Partnerin, die kein Selbstvertrauen hat. Nur einer solchen gegenüber kann er seine sadistische Sexualität anwenden. Nur eine selbstunsichere Partnerin kann er als sexuelles Objekt manipulieren. Anders konnte er mit Frauen nicht umgehen. Als Kaufmann profitiert er von seinem scheinbar selbstsicheren Auftreten und seiner berechnenden Nüchternheit. Aber Erotik bedeutete für ihn nur Erobern und nüchterner Sex.«

Gabi fragte: »Verstehen wir überhaupt alle das gleiche, wenn wir von einer erotischen Liebesbeziehung sprechen?«

Claude meinte: »Das, was man als erotische Liebesbeziehung bezeichnet, ist doch im Grunde wohl bei den meisten etwa dasselbe. Was die einzelnen dann tun, das ist natürlich schon verschieden.«

Ich fragte die anderen, wie sie darüber denken. Manche zögerten, doch am Schluß fanden alle, im wesentlichen sei es für jedermann klar, was man unter einer erotischen Liebesbeziehung verstehe.

»Das habe ich auch gemeint, aber ich mußte feststellen, daß es ein völliger Irrtum war.« Ich begründete meine Ansicht durch Untersuchungen, die ich in den letzten fünf Jahren an zahlreichen Menschen gemacht hatte. Dazu habe ich vier Farben verwendet. Sie waren speziell ausgelesen und völlig gegensätzlich, wie zum Beispiel ein aufreizendes Orangerot und ein beruhigendes Dunkelblau. Meine Frage war immer genau dieselbe: »Wie empfinden Sie eine erotische Liebesbeziehung? Welche von diesen vier Farben entspricht dieser Empfindung am besten? Welche am zweitbesten? Und welche am wenigsten?«

Gerade gestern legte ich diese Farben einer Stunt-Frau vor, die Autoüberschläge und andere lebensgefährliche Szenen darstellt. Sie fand, Erotik müsse Orangerot sein und das dunkle Blau sei völlig unmöglich. Ihr Regisseur hingegen war überzeugt, es komme nur das dunkle Blau für eine erotische Liebesbeziehung in Frage und Orangerot sei undenkbar.

Mit nur vier Farben lassen sich schon 24 verschiedenartige Erlebnisweisen unterscheiden. Aber jeder ist überzeugt, eine erotische Liebesbeziehung könne man nur so empfinden, wie er sie erlebt.

Solche Erfahrungen lehren uns, daß sich verschiedene Menschen unter gleichen Worten völlig verschiedenartiges vorstellen. Die Verständigung ist daher eher ein Glücksfall als eine Selbstverständlichkeit.

Gabi insistierte: »Ich verstehe, daß die Verliebtheit eine Art von Befreiung ist aus einer nicht befriedigenden Lebenssituation oder wie Sie sagen, aus einem emotionalen Defizit. Sie haben aber meine zweite Frage noch nicht klar beantwortet: Gibt es bestimmte Typen, auf die bestimmte andere Typen besonders reagieren? Aus den Beispielen, die Sie erwähnt haben, kann man annehmen, daß es solche Beziehungen gibt. Ich sagte ja schon, daß ich bei meinen Freundinnen meist erraten konnte, auf welche Männer sie fliegen.«

Ich fand, daß man solche Zusammenhänge finden könne. Äußerlichkeiten – zum Beispiel: es müssen blonde Haare oder ein großer Busen und lange Beine sein oder ein Mann soll groß sein, einen straffen Po haben, und seine Brust muß behaart sein – können auf viele als sexuelle Reizsignale wirken. Ich meine aber, es ist letztlich meist die psychische und geistige Haltung, also die Persönlichkeit, in die man sich verliebt. Wenn wir davon ausgehen, daß die Verliebtheit aus einer starken Erwartungshaltung und diese aus einem Defizit entsteht, dann müssen wir uns fragen, welche

Arten von Defizit und Entbehrungen am häufigsten vorkommen. Daraus ergibt sich, welche Erwartungen meistens bestehen und für die Verliebtheit typisch sind. Ich bin der Ansicht, daß es Grundtypen der Verliebtheit gibt, die wir unterscheiden und beschreiben können. Das ist ja auch der Grund, weshalb Gabi sagte, sie habe meist erraten, auf welche Männer ihre Freundinnen fliegen.

Jeder Grundtyp hat ein andersartiges Defizit und deshalb eine bestimmte ihm eigene Art sich zu verlieben. Ich möchte zwei Beispiele in Stichworten skizzieren, nachher aber die Grundtypen der Verliebtheit anschaulich beschreiben.

Ein erstes Beispiel: Wer sich im Elternhaus unterdrückt oder durch die Lebensumstände eingeengt fühlt, möchte aus diesen Verhältnissen ausbrechen und verliebt sich in einen Menschen, der sich unkonventionell aufführt. Man meint, der Traum von einem unbekümmerten, freien Leben erfülle sich mit diesem Partner.

Ein zweites Beispiel: Wer sich im Elternhaus wegen der Scheidung der Eltern oder wegen Krankheit oder häufigem Wohnortswechsel oder anderen bedrohenden Umständen verunsichert fühlt, wird sich in einen Partner verlieben, der das Gefühl von Sicherheit und Stabilität vermittelt.

Die zwei Grundbedürfnisse prägen die meisten Gründe und Typen der Verliebtheit. Wir haben einerseits die Lust der sexuellen Befriedigung und andererseits die materielle Sicherheit als natürliche Liebe bezeichnet. Für Mann und Frau sind die sexuelle Lust und die materielle Sicherheit Grundbedürfnisse, die befriedigt werden sollen. Sie werden deshalb entweder als Anforderung oder aber als Problem und als Defizit erlebt. Für Männer mag die sexuelle Befriedigung eine bedeutende Rolle spielen, bei Frauen wird die materielle Sicherheit oft eine wichtigere Erwartung sein. Für manche ist die materielle Sicherheit erst durch Luxus erfüllt, erst wenn sie den Champagner aus goldenen Pokalen trinkt, und wenn sie auf dem Modekarussel mitfahren kann.

Außer den beiden Grundbedürfnissen führen noch andere Defizite und Erwartungen zur Verliebtheit. Neben der sexuellen Lust und neben dem materiellen Wohlstand dürfte das gesellschaftliche Prestige ein dritter Auslöser der Verliebtheit sein. Wer sich gesellschaftlich als graue Maus oder als unbefriedigter Gernegroß fühlt, dem imponieren andere, die öffentlich bekannt sind. Wodurch sie bekannt sind, ist unwichtig, ob durch eine Leistung, durch Geld oder durch einen Skandal. Geltungshungrige Damen und Herren verlieben sich mit Vorliebe in Typen, die sie für prominent halten.

Hier fand Verita: »Das mag ja für viele zutreffen, daß sie sich aus einem oder auch aus zwei oder aus allen drei Gründen verlieben, aber ich bin sicher, daß es auch Gefühle sein können, die eine starke Begeisterung und Verliebtheit auslösen. Ich habe mich einmal in dem Augenblick in einen Mann verliebt, als er mit strahlenden Augen so herzlich lachte. Ich spürte, daß er ein froher aufgeschlossener Mensch sein muß.
Darin habe ich mich auch nicht getäuscht. Aber leider war er nicht zuverlässig, und daß man sich den Lebensunterhalt erarbeiten muß, das hat ihm nie eingeleuchtet.«
»Gewiß, Verita, ich meine auch, daß es gerade bei feinfühligen Menschen meist Gefühle sind, die eine Verliebtheit entzünden. Diese Gründe zu entdecken finde ich auch interessanter als Sex, materielle Sicherheit und Prestige.
Darf ich fragen, Verita, wie Ihre Lebenssituation war, als Sie sich in den heiteren Sunnyboy verliebten?«
»Ja, an die Zeit kann ich mich noch gut erinnern. Ich kam damals frisch in den Verlag, und mein damaliger Vorgesetzter war ziemlich unangenehm. Zuerst wollte sich mein Chef beliebt machen und mich öfters zum Essen einladen. Als ich merkte, daß er an mir persönlich interessiert war, obwohl er verheiratet war, ging ich auf Distanz. Das hat er mir übel genommen. Er war dann ständig mürrisch und hat an allem herumgenörgelt.

Wenn ich es mir hätte leisten können, hätte ich die Stelle gekündigt. Ich war ziemlich bedrückt in dieser Zeit. Ja, das leuchtet mir ein. An Heiterkeit hat es mir bitter gefehlt. Das war eindeutig ein Defizit in jener Zeit. Jetzt kommt es mir ganz verständlich vor, warum ich von dem fröhlichen Typen so angetan war.«

Nun kam Gabi mit einem Beispiel: »Als Studentin habe ich mich einmal in einen Kommilitonen verliebt, weil er mir mit seinen intelligenten Überlegungen und seinem vielseitigen Wissen imponiert hat. Ich bewunderte ihn. Ich wäre nie imstande gewesen, mir eine solche Allgemeinbildung anzueignen.«

Einige von uns schmunzelten, dann sagte ich: »Haben Sie Ihren negativen Magnetpol erkannt? Ihr Defizit war: Ich genüge mir nicht. Ich möchte auch so intelligent sein und eine solche Allgemeinbildung haben. Der Typ war der positive Magnetpol zu ihrem Defizit?«

Gabi ergänzte: »Ja, das muß es gewesen sein, denn außer den interessanten Gesprächen hat mich die Beziehung erotisch eigentlich nicht gepackt.«

Ich fand: »Wir haben einen wichtigen Grund der Attraktivität noch nicht erwähnt. Er ist vielleicht der geheimnisvollste und auch der stärkste. Es ist die Attraktivität der Resonanz. Man weiß nicht warum, aber man spürt: Wir haben die gleiche Wellenlänge. Die

Resonanz wird mit der Sensibilität wahrgenommen. Nicht mit den Augen und nicht mit dem Intellekt, wohl aber bei der Berührung als sinnliche Resonanz und andererseits beim Gespräch als Gefühls-Resonanz. Die sinnlich-erotische Resonanz kann schon beim Händedruck der Begrüßung wahrgenommen werden.

Die Gefühlsresonanz entsteht im Gespräch, aber weniger durch das Thema, als durch die Art, wie man auf den anderen eingeht. Wie man zuhört, wie verständnisvoll, wie aufrichtig und vor allem wie wesentlich man antwortet. Wenn das Gefühl einer vertrauensvollen Echtheit entsteht, dann ist die Resonanz auf gleicher Wellenlänge eingetreten. Nur reife Menschen sind dazu fähig. Ohne eigene Freiheit, ohne Selbstvertrauen und ohne begründete Selbstachtung ist eine solche Begegnung nicht möglich. Darum findet sie selten statt. Aber fast alle sehnen sich danach. Weil eine echte Gefühlsresonanz auf gleicher Wellenlänge so selten ist und weil sie so sehnlich erwartet wird, ist die Bereitschaft groß, sich immer wieder zu verlieben. Der negative Pol des Magneten sucht in diesem Fall nicht nach einer illusionären Ergänzung, sondern nach einer echten Beziehung.«

Die echte Liebe

»Sie sehen, Liebe ist ein Wort, das man für vielerlei Absichten verwendet. Dabei geht es meist um das Bedürfnis nach Lust oder nach Sicherheit. Deshalb wird die Bezeichnung Liebe oft benutzt, um rein egoistische Ziele zu beschönigen.«

»Das kann aber nicht alles sein«, sagte Verita, die mit wachsendem Unbehagen zugehört hatte. »Die romantische Verliebtheit ist ja auch wiederum nur eine Teil-Liebe genau wie der Flirt, wie die konservative und die dominierende Liebe.

Meine Wolke ist zwar auf unangenehme Weise durchsichtiger geworden, aber die Liebe, an die ich glaube, ist immer noch in ihr verborgen.«

»Gewiß, das verstehe ich sehr wohl. Ich wollte nur zeigen, wie vieldeutig oder vielleicht auch wie unaufrichtig das Wort Liebe benutzt wird.

Ich meine aber keineswegs, daß jede Liebe nur auf Lust aus ist oder Sicherheit sucht.

Die ganzheitliche Liebe, die ich für die wirkliche Liebe halte, finden Sie im Leben allerdings selten, und in den meisten Büchern, die über Liebe geschrieben werden, fehlt sie sogar völlig.«

Beinahe ungeduldig fragte Verita: »Aber wie finde ich sie denn? Wie kann ich die echte Liebe finden?«

»Sehen Sie, Verita, darin besteht der weitverbreitete Irrtum, daß man die echte Liebe finden könne. Man kann sie nicht finden, man muß sie selber erzeugen. Selbst dann, wenn viele wünschenswerte Voraussetzungen erfüllt sind, ist Liebe kein Paradies, in dem man sich als Adam oder als Eva einnisten kann, um Lust und Geborgenheit zu konsumieren. Liebe ist bestimmt kein Schlaraffenland, in dem uns die Früchte in den Mund wachsen und das Glück auf den Kopf fällt. Die echte Liebe ist ein Garten, in dem man Gefühle wie Einfühlung, Verständnis, Rücksichtnahme, Hilfsbereitschaft, Respekt und Verantwortung zuerst säen muß. Dann kann man sie zur Entfaltung und zur Blüte bringen und schließlich die Früchte ernten.

Darum kann die echte Liebe nicht die anfängliche Verliebtheit sein, sondern sie ist das, was beide durch respektvolles Streben nach Harmonie erreichen können. Wer dazu nicht bereit ist, wer, statt selber zu lieben, nur geliebt werden möchte oder Geborgenheit sucht, bei dem ist wegen dieser Erwartungshaltung die Enttäuschung bereits vorprogrammiert.

Solange die Enttäuschungen noch nicht zur Resignation oder zur Verbitterung geführt haben, bleibt die Sehnsucht nach Verliebtheit bestehen.

Die echte Liebe, die Erfüllung und Zufriedenheit bietet, ist etwas radikal anderes als bloße Verliebtheit. Die echte Liebe ist eine ganzheitliche Liebe.«

Das Unbehagen in Veritas Gesicht wechselte in ein erwartungsvolles Aufhorchen. »Was ist die ganzheitliche Liebe? Genau das habe ich bisher stets vermißt. Der Flirt, die konservative Zweck-Liebe, die dominierende Liebe und die romantische Verliebtheit, das ist doch immer nur eine Teil-Liebe. Was ist die ganzheitliche Liebe, die ich suche?«

»Gut«, sagte ich. »Die ganzheitliche Liebe umfaßt zwei Grundhaltungen, die scheinbar gegensätzlich sind. Die eine, die Ihnen vertraut sein wird, besteht in der erotischen Vereinigung, und zwar, wie man zu sagen pflegt, als körperliche, seelische und geistige Vereinigung.

Dabei will man den anderen erobern, und man will sich ihm auch hingeben. Man will beides: nehmen und geben. Ohne zärtliche, verweilende Hingabe ist eine erfüllende Vereinigung nicht möglich. Die erotische Vereinigung äußert sich aber nicht nur in der sexuellen Beziehung, sondern ebenso in der Bereitschaft, sich seelisch und geistig zu verstehen.«

Ohne eine Pause abzuwarten, wollte sie jetzt die Antwort hören. »Das leuchtet mir alles vollkommen ein. Das wollen wir doch alle. Warum aber gelingt es den meisten nicht, die Vereinigung, die uns ja in allen Bereichen befriedigt, auf Dauer zu bewahren? Warum scheitern so

viele Beziehungen? Genau das ist es, was mich interessiert.«
»Ich glaube, daß ich Ihnen darauf eine klare Antwort geben kann.
Ich hoffe, daß sie Ihnen einleuchtet, auch wenn sie etwas ungewöhnlich ist: Zur ganzheitlichen Liebe gehört noch eine zweite Grundhaltung: Der Respekt vor dem anderen. Ich möchte es genauer sagen: Zur ganzheitlichen Liebe gehört auch, daß man die Eigenständigkeit des anderen respektiert. Das bedeutet nichts Geringeres, als daß man ihm die Freiheit läßt, so zu leben, wie es seiner ehrlichen Überzeugung entspricht. Man muß es aufrichtig schätzen, daß er so lebt, wie es seine innere Freiheit und seine Selbstachtung verlangen.
Wenn man die Eigenständigkeit des anderen wirklich liebt, dann respektiert man auch, daß er sich verändert. Ich möchte diese zweite Grundhaltung die respektierende Liebe nennen.
Das sind die beiden Gegensätze, die sich in einer erfüllenden Liebe zur Ganzheit ergänzen: einerseits die erotische Liebe, welche die Übereinstimmung und Vereinigung will, und andererseits die respektierende Liebe, welche die Eigenständigkeit und Veränderung des anderen zu respektieren vermag.
Liebe, die zu beidem fähig ist, wird zur warmherzi-

gen, erfüllenden Liebe. Sie schafft Vertrauen; sie löst Energien aus; sie erzeugt Toleranz und Wohlwollen. Die ganzheitliche Liebe ist der Grund für ein von Glück erfülltes Leben.«

»Ich fühle es. Ja das war die Zwangsjacke, die ich mir selber angezogen habe. Ich glaubte, in der Liebe müsse ich meine Eigenständigkeit wegen des Partners preisgeben. Ich kann's noch kaum fassen. Da muß ich noch viel an mir arbeiten, um mich von dieser Zwangsvorstellung zu befreien und meine falschen Gewohnheiten abzulegen. Aber die Wolke hat sich verzogen, nein, besser noch: Sie hat sich aufgelöst.«

Jetzt schwieg ich absichtlich. Man sah ihr an, wie sich eine wohltuende Ruhe und Gelassenheit in ihr ausbreitete.

Nach einer Weile sprach sie wie zu sich selbst mit einer weichen, warmen Stimme: »Ja, das ist Liebe, das ist echte Liebe.«

Ich ließ ein paar Augenblicke verstreichen, dann schlug ich vor, daß wir bis zum Nachmittag Pause machen.

In der langen Mittagspause widmeten wir uns den beiden Herrlichkeiten: den Freuden einer kultivierten Kochkunst und dem Blick über den silbern glitzernden See mit den Erhebungen der Voralpen und dahinter den in der Sonne gleißenden Schneegipfeln der Alpen.

Als wir wieder alle zusammen waren, sagte Gabi: »Wir haben heute morgen über echte Liebe gesprochen. Dazu fällt mir der Satz ein, den man oft hört: Man muß sich selber lieben, um andere lieben zu können. Sehe ich das richtig?«

Ich antwortete: »Ich habe immer ein Unbehagen verspürt, wenn ich diesen Ausspruch hörte. Sich selber lieben, könnte so verstanden werden, man solle es sich behaglich machen oder sich beschenken oder gar sich verwöhnen. So verstanden ist die Aussage nicht nur irreführend, sondern sogar schädlich. ›Sich selber lieben‹ hat dann aber einen richtigen Sinn, wenn es bedeutet, daß ich zu mir eine aufrichtige, vertrauenswürdige und vernünftige Einstellung haben soll. Oder ich kann es deutlicher sagen: ›Sich selber lieben‹ muß bedeuten, daß ich erstens meine Selbstachtung und zweitens mein Selbstvertrauen pflege und zu beidem Sorge trage. Das besagt, daß ich erstens in allen Einzelheiten so handle, wie ich auch von anderen behandelt werden möchte. Zweitens muß ich, um Selbstvertrauen zu haben, das wirklich tun oder üben, was ich erreichen möchte. Denken Sie beispielsweise daran, wie lange Sie geübt haben, bis

Sie heute voller Selbstverständlichkeit und Selbstvertrauen Auto fahren.
Der Satz: ›Ich muß mich selber lieben, um andere lieben zu können‹, hat also einen Sinn, wenn er bedeutet: Ich muß mich selbst achten können, und ich muß Vertrauen in meine Fähigkeit haben, das auch wirklich zu tun, was ich für richtig halte. Wer diese Voraussetzungen tatsächlich erfüllt, ist selbstsicher und damit zu einer echten Liebe fähig.
Wer hingegen selbstunsicher ist, wird rasch eifersüchtig. Mit eifersüchtigen Menschen ist es nicht möglich, eine aufrichtige und harmonische Beziehung zu pflegen. Der Eifersüchtige fühlt sich ständig zu wenig geschätzt und zu wenig geliebt. Er fühlt sich in dieser Hinsicht als minderwertig taxiert und mit zu wenig Aufmerksamkeit behandelt. Wer sich selbst als minderwertig fühlt, hält den anderen für überlegen. Deswegen bilden sich Selbstunsichere sogar häufig ein, sie würden vom anderen unterdrückt.
Wer sich selbstunsicher oder minderwertig fühlt, ist nicht bereit, dem anderen Anerkennung zu zeigen. Er meint, wenn er den anderen lobe, stelle er ihn hinauf und sich hinunter und vergrößere damit das Mißverhältnis und mache sich um so minderwertiger. Er selbst hingegen braucht ein unerfüllbares Maß an Anerkennung und Bestätigung.«

Gabi fügte hinzu: »Ich kenne einige, die mit großtuerischer Angeberei sich betont selbstsicher geben. Sind die nicht im Grunde auch selbstunsicher?«
»Das ist eine wichtige Schlußfolgerung. Alles, was übertrieben ist, ob Dünkel oder demonstrative Bescheidenheit, hat seinen Grund im Gegenteil. Wer sich überheblich, selbstgefällig oder arrogant aufführt, überspielt damit seine Selbstunsicherheit.
Es ist nützlich zu erkennen, daß es dem Überheblichen vor allem darum geht, seine Unsicherheit und sein heimliches Manko zu verbergen. Es lohnt sich auch, zu verstehen, daß er die anderen nur deshalb durch Geringschätzung herabsetzt, um sich aus seinem unerträglichen Gefühl der Minderwertigkeit über sie zu erheben.
Diese dünkelhafte Haltung haben viele selbstunsichere Männer gegenüber Frauen. Aber in einer echten Partnerschaft muß man sich gleichwertig fühlen.«
»Na, das ist ein wahres Wort«, platzte Gabi heraus. Manfred schaute sie an und hob die Augenbrauen. Wir lachten alle über diesen stummen Dialog.
Manfred fand, jetzt sei er an der Reihe und startete seine ebenso schwache wie kurze Verteidigungsrede: »Das ist aber viel verlangt!«
»Sie meinen, daß Frauen und Männer gleichwertig sind?« fragte ich ihn provozierend.

Er konterte: »Da gibt es ja offensichtlich einen nicht allzu kleinen Unterschied.«
Ich gab zurück: »Ich habe nicht gesagt, Männer und Frauen seien gleichartig, sondern beide seien gleichwertig.«
»Kann ja sein«, murmelte Manfred.
Jetzt meldete sich Verita wieder: »Wenn nur jene Menschen echt lieben können, die sich ihre Selbstachtung bewahren und ein starkes Selbstvertrauen besitzen, dann wundert es mich nicht, daß nur wenige zur echten Liebe fähig sind. Wie erkennt man, ob jemand Selbstachtung und Selbstvertrauen besitzt?«
Diese Frage stellte ich an alle: »Wie fühlt sich ein Mensch, der sich achten kann, weil er nach seiner Überzeugung handelt und zugleich ein starkes Selbstvertrauen hat?«
Nun kamen Vorschläge wie »angesehen«, »maßgebend«, »Autorität«, »Persönlichkeit«.
»So schätzen ihn die anderen ein. Wie fühlt er sich aber selbst?« fragte ich.
Wieder war es Gabi: »Der fühlt sich selbstsicher. Wenn man sich achtet und auch Selbstvertrauen hat, dann besitzt man Selbstsicherheit.«
»Danke Gabi, für den Volltreffer«, bestätigte ich.
Verita wollte sich vergewissern: »Dann erkennt man an der Selbstsicherheit, ob jemand zu einer echten Liebe

fähig ist. Das bedeutet: Wenn man sich nicht von der gockelhaften Pose des selbstherrlichen Getues imponieren läßt, dann sind eigentlich wenige Menschen, im Grunde nur die mit einer natürlichen Bescheidenheit, wirklich selbstsicher, und nur die sind zu einer echten Liebe fähig.«

»Danke Verita, das ist nochmals ein Volltreffer. Sie haben ein wichtiges Kriterium für eine gute Partnerschaft gefunden.

Natürlich kommt man mit diesen Eigenschaften nicht auf die Welt. Es gehört zu unserem täglichen Bemühen, ehrlich mit sich zu sein und die Selbstgefühle ständig in ein harmonisches Gleichgewicht zu steuern. Echte Liebe ist eine Kunst, die man lernen kann. Leider kennen viele die Voraussetzungen nicht. Sie meinen mit schönen Worten und Geschenken sei es getan.«

Claude wollte wissen, ob man nur einen einzelnen Menschen lieben könne, oder ob Liebe zu mehreren auch noch echte Liebe sei.

Solche Fragen beantworte ich nie spontan, sondern lasse möglichst viele ihre Meinung äußern.

Verita war überzeugt, echte Liebe sei nur einem einzigen Partner gegenüber möglich. Manfred fand, man kann auch mehr als nur einen Menschen ehrlich lieben. Gabi und die anderen vertraten die Ansicht, daß die Liebe zu den eigenen Kindern und zu Freunden oder zu den Eltern auch eine echte Liebe sein könne.

Nun unterbrach ich: »Wir haben früher festgestellt, daß man das liebt, was man für einen ganz besonderen, erstrangigen Wert hält. Diese zwei Eigenschaften ›wertvoll‹ und ›erstrangig besonders‹ kann sich auf verschiedene Lebensbereiche beziehen. Wer aber zwei Liebespartner hat, kann nicht sagen, daß er jeden ganz besonders erstrangig liebt. Er könnte sagen, daß er den einen Partner auf diese Weise und den anderen auf jene Weise liebt. Er hat zwar beide gern, doch keiner hat für ihn einen erstrangigen Wert.

Ich meine, Verita habe recht, und es entspricht wohl auch unserer Erfahrung, daß wir diesen erstrangigen Wert fühlen, wenn wir mit aufrichtiger Überzeugung zu einem Menschen sagen: ›Ich liebe Dich.‹

Das schließt natürlich nicht aus, daß wir auch andere für wertvoll, für uns wichtig oder attraktiv halten. Nahestehende Menschen, unsere Kinder, unsere Freunde und Angehörige sind uns wertvoll und wichtig. Das Wort ›Liebe‹ sollte aber der echten Liebe zu dem einen besonderen Partner vorbehalten bleiben. Freilich in der Alltagssprache liebt man mit demselben Wort ›Liebe‹ auch seinen Hund, Eiscreme und die neuen Schuhe.«

Die Beziehungen zu anderen Menschen

Es ist fruchtbar, sich Klarheit darüber zu verschaffen, wie man zu verschiedenen Menschen steht. Ist ein Geschäftsfreund ein wirklicher Freund? Ist eine Beziehung aus sexuellen Gründen Liebe, Freundschaft oder etwas Drittes?

Ich fragte: »Welches ist die unmittelbarste und intimste Beziehung, die man zu anderen Menschen haben kann?«

Verita ergriff als erste das Wort: »Also die echte Liebe ist sicher die intimste Beziehung. Darum kann man sie auch nur zu einem einzigen Menschen haben.«

»Was geschieht aber, wenn die innige Liebe zu diesem Menschen umschlägt und zu einer negativen Beziehung wird?« fragte ich weiter.

»Das kennt man ja. Wenn eine echte, starke Liebe enttäuscht wird, entsteht Haß«, fand Verita.

»Ich glaube, es ist wichtig genug, genau zu verstehen, was Haß ist. Darum sollten wir uns überlegen, ob in einer Liebesbeziehung jede Enttäuschung zu Haß führen muß.

Ich möchte eine Beobachtung beschreiben, die ich an mir selber machen konnte. An sich sind mir Haßgefühle fremd. Aber einmal fühlte ich mich in einer Liebesbeziehung darüber enttäuscht, daß ich ausgenützt und betrogen wurde. Da stellte sich ein Gefühl ein, das ich bisher noch nicht erlebt hatte: das

Gefühl von Haß. Zwar finde ich heute wie schon damals, Haß sei eine unvernünftige Reaktion. Aber das Gefühl war da und hielt etwa zehn Tage lang an. Ich konnte nichts dagegen tun, sondern nur zuschauen, wie sich das Gefühl des Hasses, das ich auch während dieser Zeit albern und kindisch fand, in mir eingenistet hatte. Durch diese Erfahrung glaube ich, daß man den Menschen, den man geliebt hat, nur dann haßt, wenn man darüber enttäuscht ist, daß man von ihm betrogen wurde.
Wie aber fühle ich mich, wenn ich betrogen werde?«
Gabi erklärte: »Ich finde, es ist eine Beleidigung. Es demütigt mich, wenn sich der andere so mies benimmt.«
Ich war derselben Meinung: »Anscheinend besteht Haß dann, wenn die Enttäuschung durch eine Demütigung entstand. Eine Enttäuschung allein ist zwar bedauerlich und ernüchternd, aber erst, wenn sie zugleich als verletzende Beleidigung empfunden wird, bricht das heftige Gefühl des Hasses aus. Demnach braucht es beides: Enttäuschung und Demütigung, um Haß zu empfinden.
Gibt es einen Ausweg, um sich vom Haß zu befreien? Denn Haß nützt keinem und ruiniert nur die eigene Gesundheit. Die Frage ist also: Wie kann man eine Enttäuschung und eine Demütigung überwinden?«
»Man muß eben verzeihen können«, meinte Claude.

Ich antwortete: »Erstens muß man können und zweitens, was heißt verzeihen? Alles einfach wegstecken? So lassen sich unsere Gefühle nicht manipulieren. Die Psyche ist keine Tafel, auf der man nach Belieben schreiben und wieder auslöschen kann. Es gibt nur den realen Weg, um das zerstörerische Gefühl des Hasses aufzulösen: Wir müssen das Geschehene in die wirkliche Realität einordnen. Wir müssen uns dazu zwingen, die Realität so zu sehen, wie sie nun einmal ist. Die bequemen Wünsche, wie es sein sollte, müssen wir aufgeben. Wenn wir uns dazu überwunden haben, die Wirklichkeit so zu sehen, wie sie nun einmal ist, dann haben wir uns von der Enttäuschung befreit. Eine Beleidigung ist immer eine Äußerung des andern. Seine Äußerung darf nicht auf unser Selbstgefühl übertragen werden. Sie hat mit unserer Selbstachtung nichts zu tun und darf sie nicht infizieren.«

Verita fragte: »Heißt das, wenn mich mein Partner hintergeht, dann muß ich mich damit abfinden?«

Ich fragte: »Was verstehen Sie unter: sich damit abfinden? Finden Sie, man solle es einfach hinnehmen und tolerieren oder sind Sie der Ansicht, man muß es so sehen, wie es wirklich ist, und dementsprechend handeln?«

»Nein, ich meine natürlich, man soll die Angelegenheit

gründlich miteinander besprechen, und dann muß man angemessen handeln«, antwortete Verita.

»Ja, so sehe ich es auch. So befreien wir uns vom Haß, mit dem wir uns selber schaden würden. Das meinte ich, als ich sagte: Wir müssen das Geschehene in die wirkliche Realität einordnen. Das ist kein passives Erdulden, sondern das aktive In-Ordnung-Bringen, in die Ordnung, die der realen Situation gerecht wird.

Das bedeutet, daß man zu diesem Menschen kein wirklich begründetes Vertrauen mehr haben kann. Damit bleiben echte Liebe und auch Freundschaft vorläufig ausgeschlossen.

Warum ist auch eine echte Freundschaft dann nicht möglich? Worin besteht eine echte Freundschaft? Welche Voraussetzungen müssen erfüllt sein, damit man jemanden wirklich als Freund bezeichnen kann?«

»Ich muß volles Vertrauen zu ihm haben können und er zu mir natürlich auch«, fand Claude.

Gabi ergänzte: »Und es darf keine Berechnung sein, es darf kein Profitieren beabsichtigt sein. Wenn man sich dabei einen gesellschaftlichen oder einen geschäftlich-finanziellen Vorteil erhofft, ist das sicher keine Freundschaft. Der Ausdruck Geschäftsfreund stört mich immer, wenn ich ihn höre. Freunde benützt man nicht, um Geschäfte zu machen, und man mißbraucht sie auch nicht, um deren gesellschaftlichen Einfluß auszunützen oder sich mit ihrem Namen oder Ansehen wichtig zu tun. Mich widert es jedesmal an, wenn ich höre: ›Mein Freund Konsul X, oder mein Freund Professor Y.‹ Eine echte Freundschaft besteht dann sicher nicht, wenn man am Marktwert des andern als Geschäftsfreund oder als Prestigeträger interessiert ist.«

Ich fuhr fort: »Darum sind echte Freundschaften selten und bestehen auch nur zu wenigen, einzelnen Menschen. Ich glaube, daß bei unserer gesellschaftlichen Lebensart, wo Geld, Sex und Prestige die Hauptrolle spielen, viele das Glück einer echten Freundschaft nie erfahren. Viele zählen ihre Schulgefährten, ihre Kumpel, Sportkameraden, Bekannten und Partymarionetten zu ihrem Freundeskreis. Wie falsch und sinnwidrig diese Bezeichnung ist, erfährt man, sobald man einmal Solidarität von ihnen erwartet.

Nun wäre es interessant zu sehen, welche Gefühle entstehen, wenn eine Freundschaft in die Brüche geht. Stellen Sie sich vor, daß Sie von Ihrem Freund, dem Sie volles Vertrauen geschenkt haben, betrogen werden. Was empfinden Sie jetzt ihm gegenüber?«

»Ich hasse ihn«, meinte Claude.

Gabi griff ein: »Nein, es ist ja nicht diese Art von Liebesbeziehung, von der wir vorhin gesprochen haben. Wenn mich eine Freundin oder jemand, dem ich als

Freund vertraue, hereinlegt und betrügt, dann empfinde ich Abscheu.«

»Ja, Gabi. Genau dieses Wort scheint mir die Empfindung treffend zu beschreiben. Eine demütigende Enttäuschung in der Liebe erzeugt Haß. Eine demütigende Enttäuschung in der Freundschaft erregt Abscheu.

Ich finde, es ist nützlich, besonders bei einer Partnerschaft, sich darüber im klaren zu sein, ob die Beziehung Liebe oder Freundschaft oder noch etwas anderes ist.

Es gibt noch andere starke Beziehungen, die wir aber weder als Liebe noch als Freundschaft auffassen sollten. Wir können uns mit Menschen stark verbunden fühlen, weil wir ein gemeinsames Ideal haben oder eine gemeinsame Idee oder ein gemeinsames Interesse verfolgen.

Diejenigen, die sich durch eine gemeinsame Idee verbunden fühlen und sich damit von allen anderen abheben, bilden eine Gemeinschaft. Als Beispiele wurden Glaubensgemeinschaften oder politische Gemeinschaften genannt.«

Claude wies darauf hin, wie wichtig es sei, welcher Gemeinschaft man zugehört, denn sie beeinflußt die Art des Denkens und des ganzen Lebens.

Ich pflichtete ihm bei und fand: »Man kann sich vielleicht sogar wundern, daß Menschen der einen Gemeinschaft Verständnis für die Denkart der anderen finden.«

Claude ergänzte: »Das ist ja der Grund, warum Gemeinschaften, die eine verschiedene Art des Denkens haben, sich oft gegenseitig bekämpfen oder sogar ausrotten.«

»Nein«, unterbrach ich ihn: »Das sehe ich anders. Die Verschiedenartigkeit des Denkens und der Lebensanschauungen macht zwar die Verständigung schwierig, aber sie führt keineswegs zur Feindschaft. Katholiken und Protestanten, Christen, Juden und Mohammedaner, Weiße und Schwarze, Abstinenzler und Vegetarier könnten sich anregend und fruchtbar ergänzen, wenn nicht das Übel der Bewertung den Frieden stören würde. Viele, die einer Gemeinschaft zugehören, fühlen sich eben nicht nur anders als alle anderen, sondern sie halten sich für etwas Besonderes und Wertvolleres als alle anderen. Man fühlt sich als Akademiker, als Rotarier, als VIP, als Anthroposoph, als Fan eines Fußballclubs, als Mitglied einer Konfession, einer Nation oder eines anderen Vereines.

Das hat oft schwerwiegende Folgen. Das, was eine Glaubensgemeinschaft gegenüber einer anderen begeht, das, was eine Rasse, eine Nation einer anderen angetan hat, ist brutale Intoleranz. → ja, aber nur, wenn man tief gefallen ist

Claude warf ein: »Ich finde, die Terroristen, die Neonazis, die Skinheads und all diese Gruppen sind genau sol-

che aggressiven Gemeinschaften. Sie kommen sich als etwas Besonderes vor, wenn sie jüdisches Eigentum schänden oder Ausländer bedrohen.«

»Da haben Sie vollkommen recht«, antwortete ich. »Wenn wir von Rassenhaß, von Ausländerfeindlichkeit und Judenhaß sprechen, dann sollten wir uns nicht mit dieser Feststellung begnügen, sondern die Ursache erkennen.

Die Ursache ist nämlich nicht der Haß gegenüber dem Opfer. Es ist genau umgekehrt: Die Ursache ist die Aggressivität des Täters. Aus seinem Zustand der Aggressivität sucht sich der Täter ein Opfer. Wenn er seine Tat noch moralisch bemänteln will, provoziert er zuerst oder behauptet, provoziert worden zu sein.«

Claude strahlte: »Genau so machen es ja die Schlägertypen. Sie provozieren zuerst, bis ein Streit entsteht. Genau so hat ja auch Hitler argumentiert, er sei provoziert worden, um seine Aggressionen zu begründen.

Das habe ich bisher noch nie so klar auseinander gehalten: Die Aggressivität als eigene Verfassung gegenüber den aggressiven Handlungen, die daraus entstehen können. Das sind ja zwei ganz verschiedene Eigenschaften.

Demnach kann man die Aggressivität auch kontrollieren, um sie nicht zur aggressiven Tat und nicht zu einer demütigenden, brutalen oder zerstörerischen Handlung kommen zu lassen.«

Ich freute mich über Claudes Folgerung: »Ich finde es sehr wichtig, was Sie sagen. Ärger, Trotz, Eifersucht, Haß, das sind alles Zustände der eigenen Aggressivität. Entweder gelingt es, das Gleichgewicht wieder zu finden, oder man begeht aggressive Handlungen und macht sich damit das Leben schwer.

Wenn man nicht gelernt hat, den inneren und den äußeren Kreis auseinanderzuhalten, und wenn es nicht gelingt, den inneren Kreis der vier Selbstgefühle wieder rund und harmonisch zu machen, dann muß man wenigstens versuchen, die Aggressivität auf unschädliche Weise zu betäuben. Man muß sich beherrschen, um dem anderen nichts anzutun. Man muß sich aber auch beherrschen, um sich selbst nicht zu schädigen durch Alkohol- und Tablettenmißbrauch.

Es gibt Möglichkeiten, Erregungen und Spannungen auf harmlose Weise zu lösen. Ich bezeichne diese Möglichkeiten als Klärgruben der Aggressivität. Dazu gehören Spazieren und Sport, Spielen und Musizieren oder Lesen, und wenn es zu nichts anderem reicht, kann auch die Flucht vor den Fernsehschirm dazu dienen.

Es ist klug, solche Klärgruben der Aggressivität zu fördern, um die kostspieligen Exzesse der Aggression, die Schädigung der Gesundheit, die Kriminalität und Kriege zu mindern.

Die aggressiven Banden fühlen sich dadurch als eine Gemeinschaft von Besonderen, daß sie sich irgendwelche Schwächeren als gegnerische Opfer suchen. Bei Hitler hat das zum Holocaust der Juden, der größten Tragödie der Neuzeit, geführt.

Nicht die Opfer, nicht die Ausländer und nicht die Juden sind die Ursache für diese brutale Intoleranz. Die wirkliche Ursache liegt im Geltungsdrang der Bandenangehörigen. Es ist der Geltungsdrang, der diese Menschen zu all den Provokationen und Aggressionen treibt. Provozieren kann man allerdings nicht nur mit Worten, nicht nur mit Beleidigungen oder mit Nörgeleien, sondern auch mit einer schlampigen, schmutzigen Kleidung oder mit einem extravagant auffälligen Outfit.«

Claude folgerte: »Wenn all das aus dem Geltungsdrang entsteht, dann müßte man wissen, was die Ursache des Geltungsdranges ist, um die Aggressivität zu verstehen.«

Ich antwortete: »Gewiß, das ist die Frage, die wir klären müssen.

Der Geltungsdrang ist, wie jede Übersteigerung, in ihrem Gegenteil begründet. Der aggressive Geltungsdrang entsteht, wenn man ein Defizit erleidet. Das Defizit ist aber meist keine materielle Entbehrung, sondern die Einbildung, benachteiligt zu sein oder nicht genug Beachtung zu finden.«

»Das stimmt«, sagte Claude. »Viele Leute bemühen sich, beachtet zu werden und finden, sie bekommen nicht genug Bestätigung von den anderen.«

Ich fragte: »Weshalb braucht man Beachtung und Bestätigung. Meine Antwort lautet: Weil man sich selber nicht achten kann. Man braucht Bestätigungen, weil man zu sich selber, zum eigenen unbefriedigenden Leben nicht Ja sagen kann. Viele wissen zwar, daß sie egoistisch, unfair oder rücksichtslos handeln; aber sie erkennen nicht, daß sie deshalb völlig zu Recht das Gefühl von Unzufriedenheit und von Minderwertigkeit nicht los werden.

Der Geltungsdrang dient dazu, sich über die anderen zu erheben und sie herabzusetzen. Dann kann man sie als minderwertig verachten, demütigen oder hassen. Dadurch kann man die eigene Minderwertigkeit dem anderen als Sündenbock anlasten.

Weil das Gefühl der eigenen Minderwertigkeit unerträglich ist, will man es betäuben. In der aggressiven Bandengemeinschaft will man das quälende Gefühl der eigenen Minderwertigkeit vergessen und mit aggressiven Handlungen betäuben. Das gilt genauso für Terroristenbanden. Die ideellen Absichten, die sie vorgeben, sind eine beschönigende Selbsttäuschung und oft bloß ein Vorwand. Es zeugt von psychologischer Ahnungslosigkeit, wenn man solche Begrün-

dungen nicht durchschaut und die Taten deswegen milder beurteilt.
Was wir hier erarbeiten, ist nicht Begriffsakrobatik, sondern es lohnt sich, die Verhältnisse klar zu sehen. Wir wollen mit klaren Begriffen Klarheit in unsere Beziehungen bringen. Darum ist es nützlich, die eigenen Beziehungen zu klären und sie richtig einzustufen. Ist es Liebe oder Freundschaft? Ist es Freundschaft oder ist es eine Gemeinschaft, weil man eine gemeinsame Idee verfolgt, oder weil man gemeinsame Interessen hat? Finden sich zwei Menschen zusammen, um ihre sexuellen Interessen zu befriedigen, dann ist es keine Liebe und nicht einmal Freundschaft, sondern eine Interessengemeinschaft, aber nicht das, was wir unter einer echten Liebe verstehen. Es ist ein böses Erwachen, wenn der eine Partner die Beziehung für Liebe hält, die dem anderen nur zur sexuellen Befriedigung dient; oder, wenn der eine an Freundschaft glaubt, während es für den anderen nur eine Interessengemeinschaft ist.«
Jetzt meldete sich Gabi zu Wort: »Ich finde trotzdem, viele dieser Beziehungen haben etwas mit Liebe zu tun. Die Wertschätzung, die wir als respektierende Liebe kennengelernt haben, besteht besonders auch bei der Freundschaft und gegenüber der Gemeinschaft. Sehe ich das richtig?«

»Ja, Gabi, so sehe ich es auch. Dieser Art von respektierender Liebe für den anderen und die anderen, ja sogar für das andere, sollten wir aber einen eigenen Namen geben. Wie könnte man die liebende Haltung bezeichnen, die man aus Respekt für einen Menschen, für eine Gruppe, eine Institution oder für die ganze Natur einnimmt?«
»Respekt«, meinte Claude.
»Rücksicht«, fand Manfred.
»Ganz sicher Verantwortung«, sagte mein Freund Karl Josef.
Er ist ein blitzgescheiter Unternehmensleiter, der seine Firma in die Spitzenposition gebracht hat. Verantwortung ist ihm in seinem Unternehmen gegenüber den Mitarbeitern, gegenüber den Kunden und besonders auch gegenüber der Produktqualität und den ökologischen Vorsichtsmaßnahmen ein zentrales Anliegen. Gerade diese Verantwortlichkeit hat ihn zum Erfolg geführt.
Der treffende Name für die respektierende Liebe in all ihren verschiedenen Beziehungen, dieser Begriff heißt: Verantwortung. Jede respektvolle Liebe führt zur Verantwortung.

Verantwortung aus Liebe

Die häufig gebrauchte Vorsilbe »ver« – wie zum Beispiel: versammeln, verbinden, vereinen, vertrauen – bedeutet: vollständig, rundherum und in jeder Hinsicht. Ver-antworten ist also nicht nur ein begrenztes, intellektuelles Antworten auf eine einzelne Frage, sondern ein der Realität angemessenes, emotionales und rationales Antworten auf all unsere Beziehungen.
Wir sind uns viel zu wenig bewußt, daß wir grundsätzlich Verantwortung für zwei Welten haben, nämlich für unsere Innenwelt, die wir als Ich bezeichnen, und für die Außenwelt. Zur Innenwelt gehört das Bewußtsein, das wir von uns selbst haben, aber auch all das, was wir über die Außenwelt denken. Die Innenwelt ist also die Welt der eigenen geistigen Steuerung.
Die andere Welt ist die materielle Außenwelt. Wir nehmen sie mit unseren Sinnen wahr, und wir behandeln sie mit den Händen oder bearbeiten sie mit Werkzeugen wie Hammer und Roboter oder mit Instrumenten wie Elektronenmikroskop und Teleskop.
Die Verantwortung besteht beiden Welten gegenüber. Die Verantwortung besteht in erster Linie gegenüber sich selbst. Die wichtigste Verantwortung ist die geistige Führung des eigenen Lebens. Das betrifft einerseits die Erhaltung der körperlichen und andererseits der geistigen Gesundheit.

Eine zweite Verantwortung haben wir gegenüber den Nahestehenden, den Kindern und den Freunden. Verantwortung gegenüber Kindern bedeutet: respektierend liebevoll mit ihnen umgehen. Verantwortung gegenüber Freunden bedeutet: Aufrichtigkeit und Zuverlässigkeit. Verantwortung gegenüber Kranken heißt: sie respektierend verständnisvoll behandeln.

Wer eine Führungsaufgabe angenommen hat und wer Macht besitzt, übernimmt damit eine zusätzliche Verantwortung.

Karl Josef erläuterte, wie schwierig der Balanceakt ist, um stets zugleich den Erfordernissen des Unternehmens und in gleichem Maße den Bedürfnissen und Ansprüchen der Mitarbeiter und Kunden gerecht zu werden. Die Verantwortung gegenüber den Mitarbeitern besteht nicht nur in einem gerechten Lohn, sondern auch in einem fairen und offenen Verhalten, das ein gegenseitiges Vertrauen schafft.

So denken heute noch nicht viele Großunternehmer. Wer auf kurzfristigen und kurzsichtigen Gewinn aus ist, hat die irrige Meinung, Verantwortung bringe Nachteile. Deswegen sind nicht wenige Großbetriebe statt auf Gewinnoptimierung auf eine rücksichtslose Gewinnmaximierung aus. Dadurch fühlen sich die Mitarbeiter ständig wegen Arbeitsplatzverlegung, Frühpensionierung und Entlassung oder durch den

Verkauf der Firma bedroht. Dadurch wird das notwendige wechselseitige Vertrauen zwischen der Geschäftsleitung und den Mitarbeitern zerstört.

Ehrgeizlinge meinen, mit der Steigerung des Gewinnes sei auch eine Steigerung der Lebensqualität erreicht. Finanzieller Gewinn als Hauptziel ist jedoch ein armseliger Reichtum. Soweit allerdings denken die Macher in den Chefetagen selten.

Eine verantwortungsvolle Unternehmensführung hingegen bemüht sich, allen vier Aufgaben gerecht zu werden: dem für das Unternehmen notwendigen Gewinn, der Engagiertheit und Zufriedenheit der Mitarbeiter und der Kunden sowie der ökologischen Verpflichtung.

Auch der soziale Status, den jeder Vertreter einer Institution hat, zum Beispiel der Würdenträger oder Politiker, verlangt eine besondere Verantwortung. Wenn sich ein König scheiden läßt oder wenn ein Politiker die Unwahrheit sagt, wird das strenger kritisiert, weil er seine Rolle als Vorbild nicht erfüllt.

Nicht zuletzt tragen wir besonders für spätere Generationen auch Verantwortung gegenüber der Natur. Die Verantwortung gegenüber der Natur verlangt, daß wir sie verwenden, aber nicht verschwenden und, daß wir sie benützen, aber nicht ausnützen. Naturvölker leben in einem gerechten und harmonischen Verhältnis zur Natur. Nehmen und geben gilt für sie auch gegenüber der Natur. Balinesische Bauern geben jeder Palme an deren Geburtstag ein Blumengeschenk zum Dank für die Kokosnüsse, die sie während des Jahres von ihr empfangen haben. Das ist eines der Beispiele ihrer respektvollen Liebe zur Natur.

»Ich finde, gerade der Natur gegenüber haben wir die Pflicht, sie zu schützen und sie nicht weiter kaputt zu machen«, sagte Claude.

»Lieben Sie die Natur?« fragte ich ihn.

»Ja, sie wird mir immer wichtiger, je älter ich werde«, antwortete er.

»Wenn sie die Natur lieben, dann möchten Sie die Natur aus respektvoller Liebe schützen und nicht, weil Ihnen die Natur das als Pflicht auferlegt.«

Damit wurde es Claude bewußt, daß er Pflicht mit Verantwortung verwechselt hat.

Um den wesentlichen Gegensatz noch deutlicher zu machen, sagte ich: Verantwortung übernimmt man aus eigener Überzeugung. Deshalb macht Verantwortung Freude, Pflicht hingegen ist eine Bürde.

Dazu erzählte ich, daß man mir als Rekrut zuweilen banale oder langweilige Aufgaben übertrug, zum Beispiel, ein Fahrrad auf Hochglanz zu polieren, und meist beifügte: »Sie sind dafür verantwortlich.« Um den Geist meiner Vorgesetzten nicht zu strapazieren, unterdrückte ich jedesmal: »Das ist nicht meine Verantwortung, sondern meine Pflicht.« Pflicht kann einem auferlegt werden, wenn man in einem Abhängigkeitsverhältnis steht. Verantwortung hingegen übernimmt man aus eigener Überzeugung.

Wenn wir zu unserer körperlichen Gesundheit Sorge tragen durch angemessene Ernährung und Bewegung, dann verpflichtet uns niemand dazu. Wir tun es aus Verantwortung, weil wir lieber gesund sind.

Die Verantwortung uns selber gegenüber betrifft aber einen mit Sicherheit noch wichtigeren Bereich als den Körper: die geistige Gesundheit. Wie erreicht man sie? Hier herrscht oft Ratlosigkeit.

Claude fand: »Man liest vernünftige Sachbücher. Eigentlich sollte man philosophische Texte lesen wie Lao Tse oder Epikur oder Krishnamurti oder halt vernünftige Psychologie wie die von Karen Horney.«

Das war für Manfred, der während der Gespräche öfters betont hatte: »Das steht auch in der Bibel«, zu viel weltliche Philosophie. Er fuhr dazwischen: »Oder mit so vernünftigen Leuten reden, wie wir es sind.«

Es machte mir immer Spaß, wenn Manfred seine Pfeile abschoß. Darum antwortete ich: »Ganz richtig, Manfred. Gerade darum geht es mir. Viele Menschen könnten ein viel glücklicheres Leben führen, wenn sie die geistige Anleitung dazu bekämen. Aber daran fehlt es. Eine Art von Religion, eine mehr oder weniger bewußte Lebensphilosophie hat wahrscheinlich fast jeder Mensch. In irgendeiner Weise fragt sich jeder: ›Hat das einen Sinn, was ich mache.‹ Er fragt also nach dem Sinn seines Lebens.«

»Ja, natürlich«, bestätigte Manfred. »Und dazu sind ja die Bibel und die Kirche da.«

»Richtig, Manfred«, gab ich zur Antwort: »Dazu wären sie da. Angenommen, die kirchliche Lehre würde dem entsprechen, was die Menschen an geistiger Führung heute brauchen und suchen, wie könnte es dann sein, daß auf Grund von zwei von einander unabhängigen, repräsentativen Umfragen 85 Prozent übereinstimmend finden, die Kirche habe ihnen nichts zu sagen.«

Jetzt meldete sich Sascha wieder einmal zu Wort: »Also mir geht es genau so. Für mich ist die Religion oder Philosophie und Psychologie wichtig. Aber mit dem kirchlichen Glauben kann ich nichts anfangen. Die Sache mit dem Himmel, dem Teufel und der Hölle, all das finde ich komisch. Und daß der Papst den Katholiken trotz Aids die Präservative verbietet, das, finde ich, ist ein Verbrechen.«

»Ich kann nur wiederholen: Es ist für unsere Kultur folgenschwer, daß heute die kirchlichen Institutio-

nen, die zur geistigen Reifung beitragen sollten, durch ihre dogmatische Voreingenommenheit unglaubwürdig geworden sind.
Ich halte es andererseits für richtig, das die philosophische Psychologie den Weg zur geistigen Reifung, also zu einem besseren Leben, zeigen kann. Aber wenn sich normale, gebildete Menschen von der akademischen Psychologie eine Orientierungshilfe erhoffen, dann werden sie in einen dubiosen Irrgarten von Fantasiewörtern wie ›phallisch-ödipale‹ oder ›anal-sadistische Kollusionen‹ und unnötigen Fremdwörtern wie ›kognitiven Attributionen‹ geführt. Dieser Unsinn wirkt abstoßend.
Dennoch, es ist eine der wichtigsten aller Fragen: Was für eine Art von Denken ist das gesunde, das geistige Denken?«
»Man muß versuchen, positiv zu denken«, warf Sascha ein.
»Genau das meine ich«, gab ich zur Antwort. »Aber, was ist mit dem Wort ›positiv‹ gemeint?«
Claude fand: »Positiv denken bedeutet, zuversichtlich, optimistisch sein.«
Manfred konterte: »Claude findet offenbar, man müsse sich eine rosarote Brille auf die Nase setzen.«
»Wenn Sascha wirklich gemeint hat, positiv denken bedeute Optimismus, würde ich ihm nicht zustim-

men. Sascha, Du hast doch auch Latein gebüffelt. Was ist die Bedeutung von positiv?«

»Positiv kommt von ›ponere‹. ›Ponere‹ heißt setzen, legen, stellen.«

»So habe ich es auch gelernt. Positiv bedeutet also: hingestellt. Positiv ist einfach: das, was da ist und zwar so, wie es wirklich ist. Positiv denken bedeutet somit: Die Realität als das nehmen, was sie ist – ›Take it for what it is‹ – und sie dementsprechend behandeln. Die positive Einstellung bejaht die Realität, aber sie will sie nicht optimistisch beschönigen. Das wäre kein positives, sondern ein illusionäres Denken.

Die geistige Gesundheit setzt also ein der Realität angemessenes Denken voraus, vor allem über sich selbst, aber auch über die anderen und die Gesellschaft. Darum hat der römische Kaiser Mark Aurel so sehr recht, wenn er sagt: ›Unser Leben ist das, wozu unsere Gedanken es machen.‹«

Das innere Gleichgewicht

Hier warf Gabi ein: »Ich bin überzeugt, daß die geistige Gesundheit für das psychische Wohlbefinden, für die physiologischen Prozesse im Körper und auch für die Heilung eine wesentliche Voraussetzung ist. Seitdem der Nobelpreisträger Gerald M. Edelmann nachgewiesen hat, daß es nur ungefähre Schlüssel braucht, um die schädigenden Rezeptoren zu knacken, darf man annehmen, daß das psychische Gleichgewicht besonders wichtig ist für ein wirksames Immunsystem.«

»Das leuchtet mir ein«, sagte Manfred. »Untersuchungen weisen darauf hin, daß wenigstens zwei Drittel der Patienten wegen psychisch-somatischen Beschwerden krank sind. Aber wie bringe ich meinen Patienten das innere Gleichgewicht bei? Oder, um das unklare, mystifizierende Wort ›innen‹ zu vermeiden, wie erreiche ich, daß der Patient harmonische Beziehungen zu sich selbst herstellt?«

Manfred ist ein geradezu leidenschaftlich engagierter Arzt. Darum fand ich es richtig, ihn zu fragen: »Heilen Sie selbst den Patienten, oder schaffen Sie nur die Voraussetzungen, daß sich der Körper selber heilen kann?«

»Natürlich, der Körper heilt sich selber. So vernünftig bin ich.«

»So. Und wie steht's mit dem inneren Gleichgewicht? Gibt es dafür eine Spritze oder Tabletten?« fragte ich weiter.

»Dankeschön, ich hab's kapiert. Das muß der Patient ebenfalls für sich selber finden. Sie meinen das Fahrrad-Gleichnis, sagte Manfred strahlend wie ein Musterschüler.«
Er verwies auf das Fahrrad-Gleichnis, das den Anwesenden aus meinem Buch »Der 4-Farben-Mensch« vertraut war. Da Sie es möglicherweise nicht kennen, möchte ich es hier wörtlich wiederholen.
»Da ein Bild mehr sagt als tausend Worte, will ich Dir das innere Gleichgewicht mit einem Symbolbild näher bringen: Kannst Du Dich an die Zeit erinnern, da Du radfahren lerntest?
Zunächst mußte ein Fahrrad zur Verfügung stehen. Dieses technische Vehikel wollen wir mit dem Körper und der biologischen Erbmasse vergleichen. Auch bei Fahrrädern gibt es leichte Rennräder und massive Gestelle. Auch bei Fahrrädern gibt es attraktive, elegante und rostig verbogene. Auch Fahrräder können Fabrikfehler haben, was einer schlechten oder kranken Erbmasse entspräche. Die Straßenverhältnisse wollen wir mit der sozialen und wirtschaftlichen Situation vergleichen, in der Du zu leben hast. Es gibt glatte und holprige Straßen; solche, die mit Schlaglöchern ständig Überraschungen bieten; solche, die steil oder mühsam bergauf führen, und andere, die so abschüssig sind, daß Dir die Bremsen heiß laufen oder Deine Talfahrt halsbrecherisch wird.

Das wichtigste von allem aber bist Du selber als Radfahrer. Man hat Dir gezeigt, daß Du das Pedal treten mußt, um das Fahrrad anzutreiben. Das wollen wir mit der täglichen Aktivität vergleichen. Wer nicht antreibt, wer nicht aktiv ist, fällt auf die Nase! Wer plötzlich und rasant mit einem sogenannten Kavaliersstart losbrausen will, riskiert, mit dem Hinterrad wegzurutschen und seine Kavalierslaufbahn auf dem Bauch zu beenden.
Man hat Dir auch gezeigt, wie Du geradeaus oder nach links oder nach rechts lenken kannst. Das Lenken wollen wir mit der Absicht vergleichen, bewußt auf ein bestimmtes Ziel hinzusteuern.
All das kann Dir ein beliebiger Lehrer leicht vorzeigen, damit Du es nachahmst. Du weißt aber, daß Dich das beste Fahrrad (Erbmasse), die günstigsten Straßenverhältnisse (soziale Bedingungen) und auch das Antreiben (Aktivität) und das Lenken (Zielsetzungen) keinen Meter weit voran bringen, wenn Du nicht eine Voraussetzung erfüllst, die Dich kein Meister zu lehren vermag. Niemand kann Dir nämlich beibringen, wie Du Dich im Gleichgewicht halten kannst. Das mußt Du ganz allein aus Dir selbst heraus entdecken. Wohl kann der Lehrer neben Dir herrennen und Dich am Sattel im Gleichgewicht halten. Aber das ist auch die einzige Hilfe, die er Dir anfäng-

lich bieten kann. Bis zu dem Augenblick, wo das Erlebnis Dich überkommt: ›Ich hab's! Ich kann's!‹ Plötzlich fühlst Du, daß Du im Gleichgewicht bist, und wie Du das Gleichgewicht halten kannst. Jetzt bemühst Du Dich, dieses Gefühl beizubehalten oder es wiederzufinden, falls Du aus Deinem Gleichgewicht gefallen bist.«

Manfred fand: »Das Fahrrad-Gleichnis ist ja schön und gut, aber vielen gelingt es nie, durch geistige Reifung in ein psychisches Gleichgewicht zu kommen. Ich bin ja überzeugt, daß es auf die geistige Gesundheit ankommt, aber wie erreiche ich die? Was muß ich machen, daß ich im inneren Gleichgewicht bleibe?«

Der innere und der äußere Kreis

Hier trat eine Gesprächspause ein, darum stellte ich die Frage: »Wißt Ihr, warum es der Mehrzahl der Menschen in unseren Verhältnissen schlecht geht, obwohl sie keine materielle Not haben, und warum sie seelisch und dadurch oft auch körperlich leiden?
Menschen, die sich abhängig fühlen oder innerlich nicht frei sind, bleiben ängstlich. Sie sind nicht nur gehemmt, sondern auch geistig blockiert. Solch ein Leben macht wenig Freude. Es ist ein Zustand von Mühsal und Leiden. Wo also liegt die Ursache?«

Gabi kam mit der üblichen Antwort: »Weil sie in schlechten Umständen aufgewachsen sind. Ich denke an die Konflikte im Elternhaus und an die vielen geschiedenen Ehen. Auch der tägliche Konsum von Aggressionen im Fernsehen und in der Sensationspresse, all diese äußeren Einflüsse müssen den Menschen zerstören und unglücklich machen.«

»Müssen sie das?« fragte ich. »Ich halte das für eine bequeme und für unsere Lebensverhältnisse zumeist unzutreffende Auslegung.

Ich bin der Meinung, daß die Ursache überwiegend in uns selber liegt, wenn wir uns unglücklich fühlen. Montaigne, ein französischer Philosoph, hat gesagt: ›Der Mensch erleidet nicht soviel durch das, was ihm zustößt, wie durch die Art, wie er dieses Geschehen hinnimmt.‹

Nehmen Sie als Beispiel zwei Männer, denen die Geliebte wegen eines neuen Adonis wegläuft. Der eine denkt sich, Falschgeld ist sowieso wertlos, der andere wird zum Othello. Es geht wirklich um die Art, wie man ein Geschehen hinnimmt.«

Dabei fiel mir eine Beobachtung ein, die ich erzählen wollte, weil sie für mich zu einem Schlüsselerlebnis geworden ist: »Vor Jahren saß ich am See und habe Möwen gefüttert. Die Möwen erhaschten die Brotbrocken im Fluge. Wenn ein Brocken ins Wasser fiel, stürzten sich gleich mehrere darauf. Zuweilen gelang es einer Möwe, der anderen den Brocken, den sie schon im Schnabel hatte, abzujagen.

Was tun wir Menschen bei einer solch dreisten Frechheit? Wir schimpfen oder greifen an oder sind zumindest schwer beleidigt. So nutzlos und dumm handelt eine Möwe nicht. Keine setzt sich beleidigt und trotzig abseits auf einen Stein. Jede bemühte sich sofort, einen nächsten Brocken zu erhaschen.

Da wurde mir mit einem Schlag klar: All das geschieht nur in unserem eigenen Kopf: Aller Ärger, all das Beleidigtsein und jede Enttäuschung produziere ich selber und – das muß man sich klar machen – ausschließlich für mich selber. Ich ärgere mich nicht nur selber, sondern ich enttäusche mich auch selber.«

»Ist es also immer mein eigener Fehler, wenn ich ent-

täuscht bin oder wenn ich mich ärgere?« fragte Gabi, um sicher zu sein, daß sie diese wesentliche Folgerung richtig verstanden habe.

»Ja, davon bin ich überzeugt«, bestätigte ich und fuhr fort: »Die Weisheit der Sprache sagt es schon: Ich ärgere mich, mich selbst. Nur in meiner Vorstellung ärgere ich mich über etwas oder über einen anderen. Genau genommen müßte ich sagen: Ich ärgere mich selbst auf dem Umweg über einen anderen oder noch deutlicher: Ich ärgere mich selbst und benutze dazu einen anderen.«

Gabi erkannte die Tragweite dieser Einsicht und wollte sich nochmals versichern: »Ist es denn falsch, wenn ich mich ärgere, daß einer etwas verschlampt hat, obwohl ich es ihm schon ein paarmal gesagt habe? Ist es dann nicht menschlich, sich zu ärgern?«

»Eben menschlich, aber dumm und an der Realität vorbei. Sie ärgern sich, weil Sie es falsch angepackt haben oder, weil Sie etwas ungenügend erklärt haben, oder weil Sie einen Ungeeigneten beauftragt haben. Sie ärgern sich wirklich über sich selber. Prüfen Sie es nach, wenn Sie sich das nächste mal ärgern.«

»Natürlich, der Ärger steckt in mir selbst. Ich schade mir selbst, das ist mir klar«, sagte Gabi. »Aber, sollte ich mich denn überhaupt nicht ärgern?« fragte sie.

»Nein, so dumm handelt kein Tier«, fuhr ich fort. »Das alles hindert uns nur, richtig zu beurteilen und zweckmäßig zu handeln. Ärger macht uns befangen und versperrt uns den Zugang zur Realität. Beobachten Sie die wache Aufmerksamkeit der Tiere. Sie leben unmittelbar in der Realität und reagieren blitzschnell und ehrlich.
Wir Menschen leben vielfach, ja sogar häufig nicht in der realen Welt, sondern in der Welt, die wir ›Ich‹ nennen. Diese Ich-Welt ist ein Arsenal an Einbildungen. Ich bilde mir ein, gut auszusehen oder nicht attraktiv zu sein. Ich fühle mich großartig und überlegen oder unsicher und minderwertig. Ständig gehen uns solche Bewertungen durch den Kopf, was wir seien, oder was andere über uns denken könnten.
Das sind alles Bilder, die wir uns nur in unserem Oberstübchen einbilden. Von diesen Einbildungen mögen wir noch so sehr überzeugt sein, weil wir sie uns ständig wiederholen. Dennoch sind sie immer falsch. Wenn Ihnen ihre Nase nicht paßt, findet sie ein anderer gerade schön.«
»Genau das habe ich selbst erlebt«, ergänzte Gabi. »Ich fand, meine Nase sei zu klein und zu stupsig. In der Studienzeit sagten mir aber mehrere Kommilitonen, daß sie meine Nase besonders attraktiv fänden.«
Ich wiederholte: »All diese Einbildungen lenken uns

von der Realität ab. Sie mauern uns ein in unserem eingebildeten Ich. Satt der Realität machen wir unser Ego zum Zentrum der Welt. Für die fatale Abwendung von der Realität gibt es ein Schimpfwort. Es heißt: Egozentrizität. Wir Menschen tanzen dauernd um unser liebes Ich herum. Wir haben zum Beispiel Angst, nicht beliebt zu sein, und sind deswegen entweder gehemmt oder treiben einen unmäßigen Aufwand in der Hoffnung, anderen damit zu imponieren oder uns beliebt zu machen. Viele machen sich mit diesem Getue aber gerade lächerlich.«

»Aber wenn mich der andere enttäuscht, dann kann es doch nicht mein Fehler sein. Bei der Enttäuschung ist es doch wohl etwas anderes?« fragte Gabi nochmals.

»Hören Sie auf die Weisheit der Sprache. Wenn Sie enttäuscht sind, waren Sie einer Täuschung verfallen. Erst durch die Ent-Täuschung sehen Sie die Realität, wie sie wirklich ist. Durch die Ent-Täuschung ist die Täuschung ent-fernt. Auch wenn's zuerst schwer fällt, wir sollten froh sein, daß wir nicht länger einer Täuschung hinterher laufen.

Wollen Sie lieber der Täuschung nachtrauern oder lieber in der Realität leben und die Wirklichkeit so sehen, wie sie tatsächlich ist? Ich finde, das Leben wird dadurch sehr viel einfacher«, schloß ich und schaute in lauter verdutzte Gesichter. Darum dop-

pelte ich nach: »Ich habe mir angewöhnt, darüber froh zu sein, daß ich endlich ent-täuscht bin.«
Gabi lächelte in sich hinein und murmelte nach einer Weile: »Wahnsinn. Wir leben ja in einem Irrenhaus von lauter Einbildungen. Sie haben recht, Egozentrizität ist wirklich eine Schimpfwort. Mit all unseren moralisierenden Bewertungen machen wir uns das Leben zur Hölle.«
Manfred triumphierte: »Seht Ihr, die Bibel hat doch recht. Deshalb, weil wir nach gut und böse bewerten, sind wir seit Adam und Eva aus dem Paradies verstoßen worden. Wir müssen wirklich aufhören, alles ständig zu bewerten und uns deswegen zu ärgern.«
Dann hatte Gabi Bedenken: »Aber, was machen all die vielen, die eine Familie ernähren müssen und nicht einfach ihre Stelle aufgeben können? Oder, was macht jemand, der sich wegen ungerechter Vorwürfe über den Partner ständig ärgern muß und wegen der Kinder auch nicht einfach weglaufen kann? Wie soll man sich da nicht ärgern?«
Diese Frage rief mir eine Zeichnung in Erinnerung, die ich in dem Buch »Der 4-Farben-Mensch« zeigte. Sie hilft mir oft, bei allerlei Erschütterungen möglichst rasch das eigene Gleichgewicht wieder zu suchen. Ich nahm den Kugelschreiber und zeichnete einen Kreis in der Größe einer Münze auf die weiße Papierserviette, die auf dem Tisch lag.

»Nehmen wir an, dieser Kreis seien wir selbst, also das, zu dem wir Ich sagen. Daß dieser innere Ich-Kreis immer rund und harmonisch bleibt, darum müssen wir uns während unseres ganzen Lebens bemühen.«
Dann zeichnete ich um den kleinen Kreis einen zweiten größeren, der völlig verbeult war und sagte: »Der verbeulte Kreis stellt die äußere Welt dar, wie sie jeder von uns täglich erlebt. Die äußere Welt ist nie rund. Ständig gibt's Dellen. Das sind die alltäglichen Schwierigkeiten und Störungen, die von den meisten als Ärgernisse empfunden werden. Der äußere Kreis hat aber auch Ausbuchtungen. Das sind unsere Erfolge.
Ich bemühe mich, den inneren Kreis, also unsere Selbstgefühle, und den äußeren Kreis streng auseinander zu halten.
Aber Kinder und auch Erwachsene, die infantil geblieben sind, machen diese Trennung nicht. Die Dellen im äußeren Kreis werden zugleich Dellen im inneren Kreis. Wenn etwas quer läuft, wenn etwas mißlingt oder kaputt geht, sind sie in ihrem Selbstgefühl getroffen. Sie sind verletzt, beleidigt, verärgert oder verunsichert.
Ein reifer Mensch hat gelernt, daß Mißerfolge, aber ebenso Erfolge den inneren Kreis nicht verbiegen dürfen. Er muß um jeden Preis rund und harmonisch

bleiben. Sobald wir uns bewußt werden, daß wir uns ärgern oder daß wir enttäuscht oder beleidigt sind, müssen wir den inneren Kreis so rasch als möglich wieder rund und harmonisch machen.
Unsere normalen Selbstgefühle, also unser Selbstvertrauen, unsere Zufriedenheit, und vor allem unsere Selbstachtung und innere Freiheit sollten von äußeren Ereignissen nicht beeinträchtigt, ja nicht einmal beeinflußt werden.«
Gabi brachte ein Beispiel: »Ich habe mich kürzlich fürchterlich geärgert. Ein junger Patient, der auf dem Röntgentisch lag, griff mir an den Busen, als ich mich über ihn beugte.«
Ich fragte: »Überlegen Sie, Gabi, als der Kerl an Ihre Brust griff, hat das Ihre Selbstachtung verletzt?«
»Natürlich nicht. Dessen Blödsinn hat doch mit meiner Selbstachtung nichts zu tun«, antwortete sie mit Entschiedenheit.
»So sehe ich es auch. Das äußere Ereignis hat mit dem Selbstgefühl nichts zu tun.«
Jetzt warf Manfred ein: »Aber wenn einer Esel zu mir sagt, dann ist das offensichtlich als Beleidigung gemeint.«
»Das ist richtig, so ist es gemeint. Die Frage ist aber, ob wir uns dadurch beleidigt fühlen müssen. Bei einer konsequenten Trennung zwischen dem äuße-

ren und dem inneren Kreis dringt eine Beleidigung nicht in den inneren ein. Selbst wenn ich einen Fehler gemacht habe, halte ich mich dennoch nicht für einen Esel. Wenn ich mich hingegen tatsächlich für einen Esel halten würde, dann dürfte ich mich auch nicht beleidigt fühlen. Es wäre also unlogisch, unrealistisch und einfach falsch, beleidigende Äußerungen in meinen inneren Kreis, in mein Selbstgefühl eindringen zu lassen. Wenn wir also logisch konsequent sind, dann können wir uns auch nicht beleidigt fühlen. Und ebenso wenig sollten wir uns enttäuscht oder verärgert fühlen.

Erinnern Sie sich an das Beispiel mit den Möwen?«

»Ja, sicher«, sagten Manfred und Gabi gleichzeitig. Manfred fuhr fort: »Beim Möwenbeispiel ist mir klar geworden. daß wir den Ärger, das Beleidigtsein und Enttäuschtsein in uns selber produzieren. Wir stellen uns aber immer vor, der andere ärgere uns und der andere enttäusche uns. Sie haben recht. Wir meinen, die Gefühle entstünden im äußeren Kreis, dabei können sie ja gar nicht wo anders als im inneren Kreis, in unserem eigenen Ich stattfinden. Diese Einsicht ist für mich zu einer wichtigen, zu einer wirklich erlebten Einsicht geworden.«

Dann fragte ich: »Wieso haben die Möwen keine Probleme mit dem inneren Kreis. Wissen Sie, warum nicht?«

Die Antwort lag auf der Hand, und Manfred hatte sie eigentlich schon ausgesprochen. Doch erst durch die Frage wurde ihm die Tragweite seiner Einsicht bewußt: »Ich verstehe. Die Möwen haben gar keinen inneren Kreis, in dem sie sich ärgern könnten. Sie haben kein Ich, das beleidigt oder enttäuscht sein kann. Heißt das, daß unser Ich die Ursache all des Übels ist?«

Ich freute mich über seine Frage: »Ja, so könnte man es sagen. Ich möchte es etwas genauer formulieren: Bei den Möwen ist das Ich kein Kreis, sondern nur ein Punkt im Mittelpunkt des Kreises. Er heißt genau genommen Subjekt. Jedes Lebewesen ist ein Subjekt. Die Möwen und die meisten Tiere reagieren direkt aus ihrem Mittelpunkt auf die Außenwelt, ohne diesen komplizierten Ich-Kreis dazwischenzuschalten. Darum leben sie ganz spontan und unmittelbar in der Realität.

Wir Menschen hingegen schalten fast immer unser Ich, diesen inneren Kreis, dazwischen, zwischen den Mittelpunkt (das Subjekt) und den äußeren Kreis.

Der innere Kreis ist aber nur bei wenigen Menschen einigermaßen rund. Das Bild, das wir uns von uns machen, ist fast immer eine falsche Einbildung. Viele kommen sich viel zu wichtig vor. Andere fühlen sich unsicher und sind gehemmt. All diese Einbildungen erzeugen einen inneren Kreis, der völlig verbogen ist. Solche Ich-Bilder sind Karikaturen. Sie sind viel schlimmere Zerrbilder, als wenn wir uns in einem verbogenen Spiegel sehen. Weil wir uns diese Ich-Bilder täglich und ständig vorstellen, halten wir sie für richtig, gültig und real. Deshalb gelingt es nur schwer, sich von diesen Hirngespinsten und Wahnvorstellungen zu befreien.

Wenn aber der innere Kreis, wenn unser Ich so verbogen ist, wie können wir dann den äußeren Kreis, den wir täglich mit all seinen Dellen und Buckeln erleben, noch richtig beurteilen? Wenn innen keine Harmonie besteht, wie sollten wir dann harmonische Beziehungen zum äußeren Kreis schaffen können?«

»Das ist ja ein Wahnsinn, dieser innere Kreis«, sagte Gabi. »In diesem Ich-Kreis entsteht ja die ganze menschliche Tragödie: die Frustrationen und die Aggressivität und ebenso die Illusionen und Depressionen. Das entspinnt sich ja alles nur aus unserem Kopf. Man muß es sich einmal klar machen: Verärgert sein, beleidigt sein, enttäuscht sein, unzufrieden sein, aber auch selbstgefälliges Geltungsbedürfnis und Überheblichkeit, all das erzeugt Frustrationen. Und jede Frustration erzeugt entweder Traurigkeit oder Aggressivität oder illusionäre Hoffnungen und Wahnideen.«

»Sehen Sie die Tragweite«, fragte ich. »Ohne verbogene Ich-Bilder gäbe es keine Kriminalität, keine gehässigen Streitereien und keine ideologische Intoleranz und damit auch keine politisch oder religiös motivierte Gewalt und Brutalität.

Wir müssen lernen, ›Das Harmoniegesetz in uns‹ zu spüren. Es ist unser innerer Kompaß. Er weist uns den Weg, damit wir die richtigen Entscheidungen treffen können.

Wenn wir den inneren Kreis, also unsere Selbstachtung, unser Selbstvertrauen, die innere Freiheit und Zufriedenheit harmonisch entwickeln, entstehen wie von selbst harmonische, also der Realität angemessene Beziehungen zum äußeren Kreis. Dann sind wir fähig zu fordern, aber auch zu verzichten.«

Gabi überlegte einen Augenblick. Ihre Augen schienen in einer unbestimmbaren Ferne ein Ereignis zu beobachten. Dann platzte sie los: »Was bin ich schwer von Begriff. Jetzt habe ich endlich kapiert, was es bedeutet, wenn wir von der inneren Freiheit reden. Ich muß mich von all meinen Einbildungen, die ich mir über mich selber mache, befreien. Ich muß die anerzogenen Vorurteile entdecken, die mich so beschränkt machen, als ob mein Geist in einer fensterlosen Zelle gefangen wäre. Die Verbiegungen meines inneren Kreises, diese falschen, schädlichen Einbildungen, muß ich unbedingt aufdecken und ausrotten. Ich will diese inneren Zwangsjacken los werden und endlich so natürlich und spontan werden, wie es eigentlich meine Empfindungen schon immer waren.

Ich will nun wirklich innerlich frei sein. Ich habe es satt, mich stets selbst von etwas abhängig zu machen.«
Ich sagte: »Das ist ja bereits ein recht spontanes und freies Bekenntnis. Aber um sich wirklich innerlich frei zu fühlen, bedarf es der täglichen Übung. Wir müssen es spüren, ob wir uns verleugnen und opportunistische Konzessionen machen. Vor allem müssen wir den Mut haben, berechtigte Wünsche durchzusetzen. Nur das Handeln macht uns frei. Und nur durch Handeln und dessen Erfolg wächst das Vertrauen zu uns selbst: das Selbstvertrauen.«
Ich fuhr fort: »Wißt Ihr, warum sich die meisten Menschen von irgend etwas abhängig machen und sich dadurch Zwängen unterwerfen, obwohl sie sich dabei unfrei und unzufrieden fühlen? Warum brauchen die meisten ein Idol, entweder einen Talisman zum Anfassen oder eine dogmatische Ideologie? Warum unterwerfen sie sich einem politischen oder konfessionellen Oberhaupt, einem Guru, der den Glauben zur Macht mißbraucht und sie mit einer Heilslehre schulmeistert. Weshalb begeben sich so viele Menschen in eine geistige Abhängigkeit?
Wer sich abhängig macht, fühlt sich ja nicht nur unfrei, sondern er zerstört auch das Vertrauen in sich selbst. Ich bin Krishnamurti in einem seiner letzten Lebensjahre begegnet. Ein kurzer Satz hat sich unaus-

löschlich in mir eingeprägt: ›All dependency is corruption‹ (Jede Abhängigkeit ist Korruption). Wer sich abhängig macht, korrumpiert sich. Wer andere von sich abhängig macht, manipuliert sie. Auch meinen sonst sehr zurückhaltender Lehrer in Pädagogik höre ich noch sagen: ›Wer Kinder von sich abhängig macht, begeht ein Verbrechen.‹«

Jetzt sagte Claude: »Ich verstehe, daß die innere Freiheit für das Selbstvertrauen und natürlich auch für die Selbstachtung notwendig ist. Mir ist auch klar, daß ich nur dann zufrieden sein kann, wenn der innere Kreis harmonisch ist. Wenn aber alles so harmonisch ist, wird es dann nicht ein bißchen langweilig?«

»Es ist gut, daß Sie das fragen«, erwiderte ich. »Leider meinen viele, Harmonie sei ein langweiliges Daumendrehen. Das Wort ›Harmonie‹ heißt auf deutsch ›Gefüge‹. Harmonie bedeutet also, daß wir alles immer so tun, daß es sich richtig zusammenfügt. Das kann eine Partnerschaft, ein Vertrag, ein Bild oder irgend eine Berechnung sein.«

Gabi nickte nachdenklich, dann sah sie mich an: »Wenn alles so harmonisch verläuft, dann wird das Leben viel ruhiger, wird es aber dadurch nicht auch ärmer? Ich meine, es passiert nicht mehr soviel. Es ist nicht mehr so aufregend.«

»Da haben Sie insofern recht, als es nicht mehr so

aufregend ist. Aber sie haben völlig unrecht, daß es ärmer sei. Ganz im Gegenteil, es ist viel reicher. All die leeren Umtriebe sind unnötig und fallen weg. Und vor allem, man erlebt viel intensiver, weil man unbefangener ist und viel offener, aufmerksamer und verständnisvoller wird. Nicht das, was ständig läuft, oder das, was man besitzt, macht das Leben reich, sondern das, was man mit Engagiertheit und Freude erlebt. Soll ich Ihnen dafür ein Beispiel nennen?«
»Ja, bitte.«
»Die aufrichtige Liebe.«

Hier machten wir eine längere Pause.

IV

Der Glaube und der Aberglaube

Während der Pause hatte Manfred beobachtet, daß Claude einen kupfernen Armreif am Handgelenk trägt. Als wir wieder anfangen wollten, fragte ihn Manfred mit gespielter Unschuldsmiene, ob er solchen Schmuck schön finde. Claude antwortete, den Kupferreif trage er zur Heilung seines Tennisarmes. Das war das Startzeichen zu einer hitzigen Diskussion unter den Ärzten über fragwürdige, alternative Heilmethoden. Vor allem wurde kritisiert, daß anstelle einer schulmedizinischen Abklärung sich immer mehr suggestive Methoden und esoterische Auswüchse wie Pendeldiagnostik und Geistheilen ausbreiten.

Trotz aller Vorbehalte waren sich auch die Ärzte darüber einig, daß mit solchen suggestiven Methoden Schmerzempfindungen günstig beeinflußt werden können, weil sie stark von der psychischen Einstellung abhängig sind. Dazu gab Manfred ein eindrucksvolles Beispiel. Kurz bevor er zu uns fahren wollte, hatte seine Mutter eine Verletzung an einem der Hüftknochen und dadurch schwer erträgliche Schmerzen. Mit Akupunktur machte er sie schmerzfrei. Sie teilte ihm während des Seminars mit, daß die Wirkung immer noch anhalte. Manfred fand, daß bei einer solchen Verletzung nicht mehr die Akupunktur an der langedauernden Wirkung schuld sei, sondern der Glaube der Mutter an seine therapeutischen Fähigkeiten.

»Wenn ich das richtig verstehe«, sagte Gabi, »dann ist der Glaube, aber auch der Aberglaube für die Gesundheit und die Heilung von großer Wichtigkeit.«

Claude warf ein: »Das ist doch der Grund, warum Auswüchse wie Geistheilen, Auspendeln von Krankheiten und Medikamenten und eine Therapie mit Wässerchen, Gerüchen und mit Steinen, die man auf sich tragen soll, so überhandnimmt.«

Nach längeren Diskussionen über alternative Medizin und über suggestive Behandlungsmethoden stellte Claude die Kernfrage: »Muß man überhaupt einen Glauben haben? Tiere leben doch viel zufriedener und haben auch keinen Glauben.«

Bei der Diskussion wurde vom religiösen Glauben, von politischen Weltanschauungen, von wissenschaftlichen Überzeugungen und vom Aberglauben gesprochen.

Ich hielt mich zurück, weil ich versuchte, mir aus den vielen interessanten Beiträgen einen Überblick zu verschaffen. Dann äußerte ich meine Ansicht über die verschiedene Arten des Glaubens. Ich sagte etwa Folgendes: »Bei uns Menschen ist das Bewußtsein und Denken stärker entwickelt als bei Tieren. Menschen benützen das Gedächtnis und die Sprache mit ihren Begriffen dazu, Ideen und Visionen zu entwickeln. Denken und besonders Nachdenken haben den Zweck, sich im Leben zurechtzufinden. Bevor wir handeln, überlegen wir, was am besten zu tun sei. Der Mensch ist dadurch fähig, immer raffiniertere Strategien und Techniken anzuwenden, um die Realität zu beherrschen. Als der Schweizer Physiker Auguste Piccard (1884–1962) – der Mann der mit seinem speziellen Ballon als erster am höchsten hinauf- und mit seinem Tauchboot am tiefsten hinuntergestiegen war – gefragt wurde, ob er keine Angst gehabt habe, antwortete er: ›Wieso Angst? Es war ja alles genau berechnet.‹

Glaube ist also das, wovon wir überzeugt sind, daß es sicher richtig sei. Mit anderen Worten: Wir glauben, daß das, was wir uns im Geiste als folgerichtig und stichhaltig vorstellen, der Realität entspricht, oder anders gesagt, daß unsere Theorie stimmt.

Damit wollte ich nur den Begriff ›Glauben‹ definieren.

Meiner Ansicht nach sollte man aber vier verschiedene Arten des Glaubens unterscheiden: Den 1) philosophisch-theoretischen Glauben, den 2) praktischen Glauben, den 3) zweckhaften Glauben und den 4) Aberglauben.«

Der philosophische Glaube

Die Philosophie glaubt, daß es der Mühe wert sei, die Realität in ihren Zusammenhängen zu verstehen. Sie bemüht sich, darüber ein wahres Urteil zu finden und zu richtigen Erkenntnissen zu gelangen, um ein sinnvolles Leben zu gestalten. Auch der aus dem Griechischen stammende Begriff »Theorie« bedeutet: geistige »Schau« der realen Zusammenhänge. Philosophieren ist ein theoretisches Verstehenwollen der Ganzheit, in der wir leben.

Philosophie hat aber nicht die Absicht, durch eine Anwendung Gewinne zu erzielen. Wer heutzutage hochtrabend von Unternehmensphilosophie spricht, weiß nicht, was Philosophie wirklich ist.

Ich bin übrigens überzeugt, daß der eigentliche Beweggrund des redlichen Forschens nicht Gewinnsucht sei, sondern ebenfalls dem philosophischen Glauben entstammt, daß Zusammenhänge bestehen, die durch eine gute oder richtige Theorie verstehbar sein können. Der echte Glaube entspringt dem Bedürfnis jedes Menschen, den Sinn des Lebens zu verstehen.

Darauf fragte Manfred: »Das mit der Philosophie leuchtet mir ein. Aber, was ist der zweckhafte Glaube? Darunter kann ich mir nichts vorstellen.«

Der Zweck-Glaube

Ich antwortete: »Auch der zweckhafte Glaube hat meist einen philosophischen Ursprung. Religionsstifter wie zum Beispiel Christus und Mohammed oder politische Ideologen wie Karl Marx und Lenin gehen zwar von bestimmten philosophischen Überlegungen aus, aber sie selbst oder ihre Anhänger verlassen die philosophische Haltung und werden zu Überläufern zu einem zweckhaften Glauben. Ihm geht es nicht mehr darum, die jeweiligen Zusammenhänge zu verstehen und ein adäquates, wahres Urteil zu finden. Dem zweckhaften Glauben geht es um die Durchsetzung der eigenen Ansicht. Darum ist der Zweck-Glaube dogmatisch, fundamentalistisch und dadurch immer intolerant. Politische und konfessionelle Ideologien verfolgen einen Zweckglauben. Sie mißbrauchen den echten Glauben. Sie nützen die Notwendigkeit des Glaubens als Mittel zur Macht aus. Dadurch wird der zweckhafte Glaube zum radikalen Gegensatz gegenüber dem philosophischen Glauben.
Die politischen oder konfessionellen Ideologien haben der Menschheit seit je das größte Unglück und die größten Grausamkeiten gebracht. Für diese Art der Macht gilt das berühmte Wort des Basler Historikers Jacob Burckhardt (1818–1897): ›Macht ist böse an sich.‹«

Hier griff Gabi ein: »Also, dem kann ich überhaupt nicht beistimmen. Macht muß doch nicht böse sein. Das ist so eine Mode geworden, Macht zu verteufeln. Entscheidend ist doch allein, ob Macht verantwortungsvoll ausgeübt wird oder ob sie mißbraucht wird. Nicht die Macht ist böse, sondern der Mißbrauch. In einem demokratischen Staat erteilt das Volk oder das Parlament bestimmten Menschen Aufgaben, die mit Machtbefugnis verbunden sein müssen. Um die Aufgaben durchzuführen, ist Macht notwendig. Sollte die Polizei statt mit der Pistole mit einem Gebetbüchlein Razzia machen? Sollte der Richter den Delinquenten bitten, sich selbst zu bestrafen? Kein Großunternehmer oder Bankpräsident kann wie ein Diktator einfach willkürlich verfügen. Er muß sich doch bei seinen Entscheidungen mit allem Scharfsinn bemühen, der ganzen, oft schwierigen Situation gerecht zu werden, sonst schadet er den andern und sich selbst. Ich finde, das ist eine oberflächliche Modemeinung, Macht sei in jedem Fall schlecht.«

Ich bestätigte: »Ich finde es wertvoll, daß Sie darauf hinweisen: Macht mit Verantwortung ist für die Führung notwendig. Macht ohne Verantwortung hingegen ist üble Ver-Führung.«

Gabi fuhr fort: »Aber, was ich zum Zweckglauben noch fragen wollte: Kann der religiöse Glaube anfänglich ein reiner, zweckfreier Glaube gewesen sein? Ich kann mir vorstellen, daß er erst später, wenn er zu einer Konfession, also zu einem Glaubensbekenntnis geworden ist, dogmatisch wird.«

»Ich möchte das keineswegs ausschließen. Das lateinische Wort ›religio‹ bedeutet Bindung an eine bestimmte Überzeugung. Sie kann durchaus dem philosophischen Glauben an einen sinnvollen Zusammenhang des Ganzen entsprechen. Ich meine aber, daß alle dogmatischen Konfessionen und alle Bekenntnisse zu einer festgelegten, verpflichtenden Ansicht ein radikaler Widerspruch zum philosophischen Denken sind. Philosophie bleibt grundsätzlich jederzeit offen für bessere Einsichten.«

Gabi resümierte: »Damit sagen Sie, der philosophische, offene Glaube und der konfessionell fixierte Glaube seien im Grund Gegensätze.«

»Ja, das habe ich mit dem Wort ›radikal‹ gemeint. Radikal bedeutet ›aus der Wurzel heraus‹ oder wie Sie sagen: ›im Grunde‹. Damit widerspreche ich dem bekannten Satz der Kirche: Die Philosophie ist die Dienstmagd der Theologie.«

Jetzt kam Gabi in Fahrt: »Diesen Satz kannte ich nicht. Aber das ist ja eine schlaue Verdrehung. Da könnte man ebenso gut sagen: Das Pferd benützt den Reiter.

Warum muß man denn, statt Lebensfragen vernünftig zu überdenken, immer gleich ein Dogma und daraus erst noch ein Gebot machen? Ich frage mich wirklich, ist das nötig, und was ist der Profit dabei? Den Nachteil kennen wir: Die Gläubigen schlachten die Andersgläubigen ab. Claude hat mit seiner Frage recht: Muß man denn überhaupt einen solchen Glauben haben?«

»Einen solchen Glauben muß man zwar nicht haben«, fuhr ich fort, »aber, wenn er keinen Vorteil verspräche, würde wohl kaum einer mitmachen. Was ist der Profit des christlichen Glaubens? Sie wissen es: Es geht um die Befreiung von der Todesangst. Wer an die Auferstehung und damit an ein Weiterleben nach dem Tode glaubt, wäre die größte aller Ängste los. So heftig wie die Todesangst, so mächtig ist das Bedürfnis, an ein Weiterleben zu glauben.«

Ich fuhr fort: »Sie sehen, der Zweckglaube dient nicht nur dem machtgierigen Verführer, sondern auch dem Verführten. Der Verführte ist deshalb unkritisch und gerne leichtgläubig, weil er sich Vorteile erhofft. Darum fällt es auch dem Hochstapler so leicht, dem Leichtgläubigen eine Parzelle im Sumpf anzudrehen oder einen Platz im Himmel zu verkaufen.

Echter Glaube hingegen ist kein Wunsch-Denken und kein Spekulieren auf Vorteile, sondern eine auf eigene Erfahrung fundierte Überzeugung.«

Gabi wollte wissen: »Warum muß man denn dogmatisch werden und die anderen bekämpfen. Warum kann nicht jeder glauben, was er will, und sich anderen gegenüber tolerant verhalten?«

Für Claude war das klar: »Wer sich seiner Sache nicht sicher ist, will, daß ein anderer ihm recht gibt und auch dieselbe Meinung vertritt. Wenn der andere jedoch eine andere Ansicht hat, dann wird die eigene Unsicherheit unerträglich. Darum muß der Andersgläubige entweder seine Ansicht oder seinen Geist aufgeben.«

Gabi fuhr fort: »Die dogmatisch intoleranten Rowdies und Mörder erkennen natürlich nicht, was mit ihnen los ist. Sie können deswegen nicht tolerant sein, weil sie ihre eigene Unsicherheit nicht ertragen können. Tolerieren heißt ja: ertragen können. Ihre Unsicherheit ist eben unerträglich groß.«

»Ich sehe es auch so«, bestätigte ich. »Philosophische Religionen, wie zum Beispiel der ursprüngliche Buddhismus, sind die tolerantesten Glaubensrichtungen. Umgekehrt, je dogmatischer oder fundamentalistischer eine Konfession ist, desto brutaler wird sie durchgesetzt und desto größer ist die Macht und die Angst. Je größer die Angst ist, um so mehr klammert man sich an formale Äußerlichkeiten, an strenge Riten und heilversprechende Gegenstände, vom Heiligenbildchen bis zur heiligen Kuh auf den Straßen Indiens. Der Glaube an Äußerlichkeiten* ist Aberglaube.«

Der Aberglaube

Manfred griff das Thema auf: »Was mich immer wieder wundert: wie viele Menschen, von denen man es nicht erwarten würde, sogar Ärztekollegen oder wissenschaftlich Tätige, richtig gehend abergläubisch sind. Sie glauben vielleicht nicht mehr an den Kaminfeger, aber sonst an den unmöglichsten Zauber, der keiner Nachprüfung standhält. Können Sie sich diese Sucht nach esoterischem Wunderglauben erklären?«

Genau diese Frage habe ich mir auch schon gestellt: Was ist der Beweggrund, daß selbst naturwissenschaftlich ausgebildete Menschen so leichtgläubig und unkritisch den abergläubischen Humbug mitmachen. Ich habe es mir so erklärt: Wie beim philosophischen Glauben, so glaubt auch der Abergläubische an Zusammenhänge. Aber er phantasiert illusionäre Zusammenhänge, zum Beispiel zwischen der Zahl 13 und Unglück, zwischen dem Kaminfeger und Glück, zwischen dem Sternenstand und dem persönlichen Charakter. Solche Annahmen gewissenhaft zu überprüfen, um zu wahren Urteilen und gültigen Einsichten zu kommen, dazu fehlt dem Abergläubischen die Fähigkeit, kritisch zu denken oder die Redlichkeit, über das nachzudenken, was er glaubt.«

Manfred ergänzte meine Erklärung: »Der Aberglaube ist eine geistige Krücke. Solange man an die abergläubische Illusion, an einen Talisman oder Fetisch, an das Placebo oder Heiligenbild glaubt, hat man das Gefühl des Vertrauens. Heilung wird durch jeden Glauben unterstützt, der den Zustand des Vertrauens erzeugt. Das habe ich ja auch bei meiner Mutter erlebt, als die Schmerzen nach der Akupunktur so lange wegblieben. Jeder Glaube, alles wozu ein Mensch Vertrauen hat, versetzt ihn in einen besseren Zustand. Insofern kann selbst der Aberglauben helfen.«

Gabi wollte wissen, ob es ein Arzt verantworten könne, solchen Hokuspokus, an den er selber nicht glaubt, als Krückstock zuzulassen.

Ich fand, man müsse zwischen dem Glauben unterscheiden, den jemand für sein eigenes Wohl braucht, und dem Glauben, der als Machtinstrument mißbräuchlich gegen andere benützt wird. Wo der Glaube als Mittel zur Macht und zur Ausnützung mißbraucht wird, muß man ihn aufdecken, um sich gegen ihn zu schützen.

Anders hingegen ist meine Haltung gegenüber all den zahllosen Formen des Aberglaubens, die dem eigenen Wohlsein dienen. Hier schweige ich lieber, als daß ich jemandem seinen Aberglauben zerstöre. Nach allem, was ich gesehen habe, finde ich: »Jeder solle nach seiner Façon selig werden.« Allerdings nach seiner eigenen Façon, die für ihn maßgeschneidert ist. Aber nicht nach dem Korsett, in das er als Kind hineingezwängt wird, bevor er selbständig denken kann. Einen aufgedrängten, anerzogenen Glauben, der keine eigene Überzeugung zuläßt, halte ich für eine unmoralische, geistige Vergewaltigung. Denken Sie zum Beispiel an die hinterlistige Erfindung der Erbsünde, der Todsünde und des Fegefeuers als Folterkammer und die vielen andern Gemeinheiten wie die Verteufelung der Sexualität, um die Leichtgläubigen zu ängstigen und dann zu manipulieren und zu erpressen. Ich meine nicht die vergangenen kirchlichen Grausamkeiten und Schwindeleien des Mittelalters, sondern beispielsweise den vom gegenwärtigen Papst demonstrativ geförderten und verehrten Marienkult von Fatima. Dort, etwa 130 Kilometer nördlich von Lissabon, wollen drei Kinder im Alter von acht bis zehn Jahren am 13. Mai 1917 die Gottesmutter Maria gesehen haben.

»Was ist da schon dabei«, warf Claude ein. »Halluzinationen haben nicht nur Schizophrene. Wir haben ja alle unsere Halluzinationen, wenn wir träumen, und nicht wenige haben auch Tagträume. In einem Zustand der Überreizung können bei jedem Halluzinationen entstehen, das ist bekannt. Kinder fabulieren gerne. Sie können sich in ihre Phantasien hineinsteigern und sich dabei wichtig vorkommen. Wir wissen ja, daß man durch Hypnose Brandblasen bewirken kann und daß Hy-

steriker körperliche Beschwerden und sogar organische Veränderungen erzeugen können. Heutigen Kindern würde statt der Maria vielleicht Elvis Presley oder ein anderes Idol am Himmel erscheinen.«

Ich fuhr fort: »Gut, wir wissen, wie leicht solche Einbildungen entstehen. Aber es ist doch beeindruckend, daß wiederholt auch der gegenwärtige Papst und allein im Jahre 1993 noch drei Millionen Pilger zum Teil auf den Knien den Opfergang nach Fatima gemacht haben, wo ihnen die Angst vor der Hölle eingetrichtert wird.

Um nichts Ungenaues wiederzugeben, zitiere ich hier den Originaltext, den ich natürlich nicht im Kopf hatte: ›Wir drei Kinder sahen ein großes Feuermeer, das sich unter der Erde zu befinden schien. In ihm versanken schwarze, verbrannte Wesen, Teufel und Seelen in Menschengestalt, die wie glühende Kohlen aussahen. Sie wurden innerhalb der Flammen in die Höhe geschleudert und fielen von allen Seiten herab wie Funken. Sie schrien und heulten vor Schmerz und Verzweiflung.‹

Die Gläubigen werden aufgefordert, für die armen Sünder Opfergelder zu spenden, damit sie aus der Hölle erlöst werden. Wer befürchtet, in seinem Leben einmal gesündigt zu haben, oder daß ihm trotz bisheriger Unschuld in Zukunft solch ein Malheur widerfahren könnte, begreift sofort, daß er zu zahlen hat.

Ich habe nichts gegen Aberglauben. Aber die Manipulation mit der Angst, um Geld zu erpressen, ist genau die Methode, die auch die Mafia anwendet und die ihren schlechten Ruf begründet.«

Hier fragte Gabi: »Warum sagen Sie, Sie hätten nichts gegen Aberglauben. Sie sehen doch, wie Menschen darunter leiden können und wie sie damit ausgebeutet werden.«

Ich berichtigte: »Ich habe erklärt, daß ich nicht den Aberglauben, sondern den Mißbrauch des Aberglaubens verabscheue.

Dem Aberglauben gegenüber bin ich aber deshalb tolerant, weil wir ihm alle mehr oder weniger ausgesetzt sind, ohne es zu bemerken. Inwiefern wir ihm verfallen, das hängt nicht nur von unserem Willen zur Wahrheit und unserer Redlichkeit des Denkens ab. Auch Bildung und Intelligenz sind nötig, um uns vor dem alltäglichen Aberglauben zu schützen, nämlich vor dem Glauben an Vorurteile. Vorurteile sind Fehlurteile. Solche Fehlurteile bestehen über das Verhältnis von Mann und Frau, über das Alter, über andere Menschen, über psychologische, soziale und sogar wissenschaftliche Ansichten.«

Der praktische Glaube

Hier überlegten wir, ob der Begriff »Glaube« neben dem Aberglauben, dem Zweck-glauben und dem theoretisch-philosophischen Glauben noch eine vierte Bedeutung haben könne.
Wir pflegen doch zu sagen: »Ich glaube, daß das wahr ist, oder: Ich glaube an seine Ehrlichkeit.« Jemandem Glauben schenken, bedeutet, ihm vertrauen. Was ist Vertrauen?
Vor einigen Jahren stand ein Scherenschleifer vor meiner Tür. Ich gab ihm eine Schere und sagte, daß ich weg müsse und ihm den Betrag deswegen sogleich bezahlen wolle. Die geschliffene Schere könne er mir dann in den Briefkasten legen. Nicht nur das Geld war weg, sondern auch die Schere.
War mein Vertrauen zu groß oder meine Dummheit? Vertrauensseligkeit ist dumme Bequemlichkeit. Sie hat mit wirklichem Vertrauen nichts gemeinsam. Das wird klar, wenn wir uns Rechenschaft geben, was Vertrauen ist. Dann wird auch sofort klar, daß ich niemals sagen dürfte, ich hätte zum Scherenschleifer Vertrauen gehabt. Man braucht gerne als Ausrede, man sei halt gutmütig gewesen, und der andere habe das ausgenutzt. Da gibt uns Karl Valentin die richtige Antwort: »Die Gutmütigkeit ist eine Stück von der Liederlichkeit.«
Wir haben Vertrauen zu einem Menschen oder zu

einer Sache, wenn wir überzeugt sind, daß die dafür erwünschten Bedingungen erfüllt sind und auch bestehen bleiben. Genau das ist die praktische Anwendung des theoretisch-philosophischen Glaubens. Von ihm haben wir gesagt, daß er die Realität in ihren wirklichen Zusammenhängen erkennen will. Zum Beispiel: Ich vertraue einem Menschen, wenn ich überzeugt bin, daß er die Bedingung erfüllt, mir gegenüber aufrichtig und zuverlässig zu sein. Unter diesen Bedingungen halte ich es für sinnvoll, mit ihm etwas zu unternehmen und eine Partnerschaft einzugehen. Begegnungen, Bekanntschaften oder Partnerschaften, denen dieses Vertrauen fehlt, weil sie nur auf finanziellen oder sexuellen oder gesellschaftlichen Profit aus sind, können zwar kurzfristig den erwünschten Nutzen bringen, langfristig taugen sie aber nicht.

Vertrauen ist demnach eine vierte Form des Glaubens, nämlich die praktische Anwendung des theoretisch-philosophischen Glaubens.

Jedes Vertrauen gegenüber Menschen kann nicht anders als immer wechselseitig sein. Echte Liebe und Freundschaft können nur aufgrund eines wechselseitigen Vertrauens bestehen. Wir empfinden Abscheu, wenn das Vertrauen einer Freundschaft mißbraucht wird. Denn eine solche Tat verletzt unseren Glauben,

daß Harmonie der Sinn allen Tuns, insbesondere einer Freundschaft ist.
Ich meine, wir verstehen nun, warum die Fähigkeit zur echten Liebe nur möglich ist, wenn man auch dazu fähig ist, dem anderen zu vertrauen. Wer nicht imstande ist, dem anderen zu vertrauen, kann den anderen auch nicht echt lieben.
Ohne Vertrauen lauert die Eifersucht ständig kampfbereit. Sie kann sich auf andere Menschen ebenso wie auf Tätigkeiten beziehen. Eifersucht ist also kein Zeichen der Liebe, sondern ein sicheres Anzeichen dafür, daß keine echte Liebe besteht. Echte Liebe kommt nicht häufig vor. Das wußten wir schon vorher. Jetzt kennen wir aber den Weg. Gehen muß ihn jeder selber.

Der Glaube an Gott

Manfred gab sich noch nicht zufrieden: »Ich meine, ich habe einigermaßen begriffen, was der philosophisch-theoretische und was der praktische Glaube ist. Was am Zweckglauben und am Aberglauben faul ist, sehe ich auch. Wenn man aber vom Glauben spricht, denkt man doch zuerst an den Gottesglauben, und den haben Sie nur so nebenbei einmal kurz angedeutet. Was ist denn der Glaube an Gott? Ist das ein fünfter Glaube oder steckt er in einem der vier schon drin?«
Ich antwortete: »Wenn ich wüßte, was Sie meinen, wenn Sie vom Glauben an Gott sprechen, könnte ich Ihnen vielleicht sagen, wozu Ihr Gottesglaube gehört.«
Nun wurde Manfred direkt: »Glauben Sie an einen Gott?«
Nun wurde ich direkt: »Wovon sprechen Sie, wenn Sie Gott sagen?«
»Also hören Sie mal«, begehrte Manfred auf. »Ich weiß nicht, was Sie glauben, aber Sie werden doch nicht bestreiten können, daß diese Welt vorhanden ist und daß es einen Schöpfer geben muß, der sie geschaffen hat.«
Seine Provokation gefiel mir, darum antwortete ich: »Nein, ich bestreite nicht, das es einen oder viele Schöpfer geben könnte. Aber ich glaube nicht, daß ein Gott die Welt aus einem Nichts geschaffen haben kann.«

Manfred schaute mich überrascht an: »Wenn Sie nicht an einen Schöpfergott glauben, dann müssen Sie ihn doch bestreiten.«

Ich erwiderte: »Es gibt unendlich vieles, das ich nicht bestreite, weil ich es auch nicht beurteilen kann. Das bedeutet aber nicht, daß ich an etwas glaube, was meiner Vernunft widerspricht. Genau das gilt auch für Ihren Schöpfergott. Wir kennen ihn beide nicht. Aber Sie glauben an ihn, wogegen meine Vernunft diesen Glauben für unvernünftig hält.«

Manfred schaute neugierig: »Jetzt bin ich aber gespannt, wie Sie mich von meiner Unvernunft überzeugen wollen. Jemand oder etwas muß doch die Welt erschaffen haben. Aus nichts kommt nichts. Etwas muß doch am Anfang sein. Ich nenne es nun einmal Schöpfer.«

Ich überlegte, wie ich es erklären könne. Dann begann ich mit der Wortbedeutung: »Wenn Sie Wasser schöpfen, dann nehmen Sie es aus einem Gefäß und gießen es an einen anderen Ort. Ein Schriftsteller verwendet vorhandene Worte, Begriffe und bildhafte Vorstellungen und komponiert sie zu einem Roman. Der Komponist macht es mit Tönen. Das lateinische ›componere‹ heißt zusammenstellen oder arrangieren. Schöpfen bedeutet in allen Fällen, vorhandene Erfahrungen, Empfindungen, Gefühle, Vorstellungen und die zahllosen unbewußten Möglichkeiten benutzen und sie auf andere oft neuartige Weise zusammenstellen. Der Begriff ›*schöpfen*‹ bedeutet gestalten, in eine andere Gestalt umwandeln und neu arrangieren. Meinetwegen aus Lehm den Menschen erschaffen. Er bedeutet aber keineswegs ein Erschaffen aus einem absoluten Nichts. Sie haben vorher selber gesagt: ›Aus nichts kommt nichts.‹ Um sich über diese Tatsache hinwegzutäuschen erfinden Sie Ihren Schöpfergott. Solch ein absolutes Nichts wäre ein Wort ohne Inhalt und Bedeutung. Wenn Sie nun annehmen, Gott habe eben doch die Welt aus einem absoluten Nichts erschaffen, dann müßten Sie mir nicht nur erläutern, was sie unter Gott verstehen, sondern auch erklären, wie das Nichts aussieht.«

Manfred fühlte sich in die Enge getrieben: »Das Nichts ist eben nichts. Das kann man weder erklären noch sich ausdenken oder sich vorstellen.«

Ich wollte dem Wortgefecht ein Ende setzen: »Über etwas, das man sich nicht denken kann, wollen wir auch nicht reden.

Ich möchte aber versuchen, Ihnen zu erklären, warum die Vorstellung eines Schöpfers, die Ihnen so folgerichtig erscheint, wirklich unvernünftig ist. Bitte unterbrechen Sie mich sofort, wenn Ihnen dabei ein Gedanke nicht logisch zwingend einleuchtet.

Wir sind überzeugt, daß in der ganzen Welt dieselben

gesetzmäßigen Zusammenhänge gelten. Jede Wirkung hat eine Ursache.«
Manfred triumphierte: »Ja genau, das meine ich ja. Daß es das Universum gibt, muß doch eine Ursache haben.«
Ich bremste ihn: »Langsam, langsam. Urteilen sie nicht voreilig. Wenn wir etwas beurteilen, dann teilen wir die ursprüngliche Ganzheit in Polaritäten wie ›vorher‹ gegenüber ›nachher‹, ›jünger‹ gegenüber ›älter‹ oder räumlich in ›links‹ gegenüber ›rechts‹, ›oben‹ gegenüber ›unten‹ und so weiter. Um etwas innerhalb einer Ganzheit unterscheiden zu können, müssen wir das eine dem andern gegenüberstellen. Es gibt auch kein Oben ohne ein Unten und auch keine Wirkung ohne eine Ursache. Beide Begriffe gehören unbedingt zusammen. Deswegen, weil sie unbedingt zusammengehören, sind sie eine Ganzheit. Eine Ursache allein oder eine Wirkung für sich allein wäre keine Ganzheit. Ist das völlig klar, Manfred?«
»Ja sicher. Völlig klar.«
»Gut«, fuhr ich fort, »und was steht der Ganzheit gegenüber? Was meinen Sie, Manfred?«
»Natürlich nichts, sonst wäre es ja keine Ganzheit«, sagte Manfred spontan. Dann hielt er verblüfft inne. »Ja, wenn es außerhalb der Ganzheit nichts geben kann, dann kann es auch keine Ursache außerhalb der Ganzheit geben.

Verstehe ich das richtig«, fragte Manfred, »weil die Begriffe Ursache und Wirkung logisch zwingend zusammengehören, bilden sie eine Ganzheit. Die Ganzheit enthält beides: Ursache und Wirkung. Deshalb kann es außerhalb der Ganzheit keine Ursache geben.«

»Ja, genau das ist die logische Konsequenz. Deshalb ist es unvernünftig und widerspricht dem logischen Denken, daß die Ganzheit der Welt, daß das Universum einen Verursacher, einen Schöpfergott haben könne. Außerdem müßte man fragen, wer den Schöpfergott geschaffen habe oder was die Ursache der Ursache sei.

Ich will erklären, warum wir so zwanghaft dazu neigen, nach einem Verursacher zu suchen: Bei allem, was innerhalb der Welt geschieht, gibt es eine Ursache. Diese Denkgewohnheit wenden wir kritiklos auch auf die Welt als Ganzheit an. So entsteht die logisch unsinnige Frage: Was ist die Ursache des Ganzen? Um für die sinnwidrige Frage eine Antwort zu finden, ersinnen wir einen Schöpfergott.«

»Dann halten Sie meinen Schöpfergott für Aberglauben?« fragte Manfred.

»Beim philosophischen Glauben, der logische Sauberkeit verlangt, kann ich ihn jedenfalls nicht einordnen.«

Jetzt meldete sich Gabi wieder zu Wort: »So wie ich mei-

nen Manfred kenne, wird ihm das noch zu schaffen machen. Mich läßt diese abstrakte Frage aber offen gestanden ziemlich kalt. Ob ich wegen eines Schöpfers lebe, liebe und arbeite oder wegen des Urknalls oder weil aus dem Nichts etwas geworden ist, ändert mein Leben nicht im geringsten.

Was ich hingegen gerne wissen möchte, ist vielmehr: Warum meinen Menschen, es müsse einen Gott geben? Warum finden manche, sie hätten Gott erfahren? Das kann doch nicht einfach damit abgetan werden, der Gottesglaube sei eben ein Bedürfnis oder bloß ein Wunschdenken, um Ängste zu beschwichtigen. Ich glaube, unsere berühmten Psychologen waren hier nicht kompetent, als sie behaupteten, Gott sei nichts als eine menschliche Projektion, die psychologisch zu erklären sei. Ich meine es ehrlich, wenn ich finde, da ist mehr daran, wenn Menschen das Gefühl haben, sie hätten etwas Göttliches erfahren. Ich möchte meine Frage so formulieren: ›Welche Erfahrung ist es, die als ‚Gott' bezeichnet wird?‹«

Ich bedankte mich für die interessante und fruchtbare Frage und holte etwas weiter aus, um meine Meinung verständlich zu machen:

»Wie Sie wissen, führen gleichartige, sich wiederholende Beobachtungen zu Erfahrungen. Durch wiederholte Beobachtung machen wir zum Beispiel die Erfahrung, daß ein Stein im Wasser immer versinkt, oder daß alles, was lebt, allemal auch stirbt. Solche Erfahrungen führen zur Erkenntnis, daß es in der Welt allgemeine, gesetzmäßige Zusammenhänge, also eine Ordnung gibt. Die tägliche Erfahrung lehrt uns, daß alles irgendwie in einer Ordnung und Gesetzmäßigkeit zusammenhängt und, daß alles ein ganzheitliches, dynamisches Gefüge ist. Der griechische Begriff dafür heißt: Harmonie.

Die Erfahrung der Harmonie, also daß das ganze Universum der Kräfte in einem gesetzmäßigen Zusammenhang steht, diese Erfahrung einer alles umfassenden Harmonie, diese Qualität bezeichnet die Philosophie als ›Ganzheit‹ und die Religion als ›Gott‹. Die griechischen Philosophen haben die harmonische Ganzheit als Schönheit empfunden und deshalb ›Kosmos‹ genannt.

Wir dürfen die Ganzheit nicht mit der Gesamtheit verwechseln. Die Gesamtheit ist eine Quantität. Die Ganzheit hingegen, von der wir sprechen, ist etwas radikal anderes. Sie ist eine Qualität. Wenn man Gott oder das Göttliche sagt, dann spricht man nicht von einer Quantität, sondern meint immer seine Qualität. Qualität heißt auf deutsch: die Beschaffenheit. Ich bin der Meinung, als Ganzheit gesehen habe die Welt eine harmonische Beschaffenheit. Insofern kann ich eben-

sogut ›kosmische‹ Ganzheit oder ›Gott‹ oder am einfachsten und klarsten ›Harmonie‹ sagen.«
Jetzt griff Manfred ein: »Also ich finde, so einfach kann man es sich nicht machen. Das mag ja sein, daß alles, was sich harmonisch vollzieht, im Sinne Gottes ist. Insofern mag das für die Ganzheit zutreffen, aber Gott ist doch viel mehr als die Ganzheit. Gott ist absolut. Wir haben doch keine Vielgötterei mehr. Wir haben nur einen einzigen, absoluten Gott.«
Ich gab mir Mühe, ein ernstes Gesicht zu machen: »Natürlich, Gott ist absolut. Und absolut bedeutet: Es gibt nichts anderes.«
Manfred strahlte: »Ja, jetzt haben Sie mich begriffen. Gott ist absolut. Es gibt nichts anderes.«
Ich gab zurück: »Nun versuchen Sie noch zu begreifen, was Ganzheit bedeutet.«
Manfred schaute mich an, dann öffnete sich sein Mund, aber es kam kein Ton heraus.
Ich fragte: »Manfred, warum sagen Sie nichts?«
Er antwortete: »Entweder Sie haben mir den Boden unter den Füßen weggezogen, oder Sie haben mich endlich auf den Boden der Realität gestellt.
Natürlich, Ganzheit bedeutet: Es gibt nichts Anderes. Die Ganzheit ist absolut. Das ist ja überhaupt selbstverständlich. Jetzt begreife ich erst, was bisher nur ein mysteriöser Glaube war: ›Gott ist absolut‹ bedeutet einfach:

Die Ganzheit ist absolut. Es gibt nichts anderes. Die Ganzheit ist ein Gefüge, eine gesetzmäßige Harmonie. Meine Verantwortung besteht nicht gegenüber einem imaginären Gottvater, sondern gegenüber dem harmonischen Gefüge der Ganzheit, gegenüber dem gesetzmäßigen Gefüge der Realität. Ich bin der Harmonie gegenüber verantwortlich bei allem, was ich tue.«
Ich fuhr fort: »Beobachten Sie, was jemand meint, wenn er von Gott redet. Ich habe zwei Bedeutungen angetroffen: Entweder hat er die Unverschämtheit, seinen eigenen Anspruch als den Willen Gottes hinzustellen, oder aber er meint mit dem Wort ›Gott‹ die Harmonie.
Wir kennen die harmonischen Gesetzmäßigkeiten der physikalischen Materie und der Physiologie des Körpers. Daß auch die Psyche ein ganzheitliches, harmonisches Regulationssystem ist, habe ich ja in meinem Buch ›Das Harmoniegesetz in uns‹ nachgewiesen und an Hand der wichtigsten Lebensbereiche erläutert.«
Jetzt wollte Manfred wissen, warum Menschen, denen die Kirche gleichgültig ist, dennoch an den »lieben Gott« glauben, obwohl er ständig all die Greueltaten an unschuldigen Menschen zuläßt.
Diesmal bedankte ich mich bei Manfred für die fruchtbare Frage und sagte: »Die tägliche Erfahrung, daß wir einem ganzheitlichen harmonischen System

angehören, kann sich auf verschiedenen Stufen der Vernunft ausdrücken. Sie reichen von der kindlichen Naivität bis zur verständnisvollen Weisheit.

Naiv ist der Glaube, so wie Vater und Mutter Erzeuger des Kindes sind, so existiere auch ein Schöpfer der Welt, die sein Geschöpf sei.

Naiv ist auch der Glaube, so wie Vater und Mutter richtungsweisende Erzieher für das Kind sind, so sorge auch ein persönlicher Gott als moralischer Kontrolleur für Ordnung und Gerechtigkeit, indem er für ›Sünder‹ Bußen verhängt und mit allen, die glauben ungeschoren davon kommen zu können, beim ›Jüngsten Gericht‹ abrechnet.

Bei dieser naiven Auslegung der Harmonie-Erfahrung wird man für den Zweckglauben leicht manipulierbar. Das kann zu einem Leben führen, das zwar arm an Lust und Erfolg ist, dafür aber reich an ›beten und arbeiten‹.

Wir Menschen sind aus dem Paradies vertrieben worden, weil wir in den falschen Apfel gebissen haben, statt in die reifen Äpfel vom Baum des Lebens in den verbotenen Apfel vom Baum der Erkenntnis des Guten und Bösen.

Ich fragte: ›Hätte uns das Mißgeschick von Adam und Eva auch passieren können, oder wären wir dagegen gewappnet gewesen?‹«

»Natürlich nicht, das gilt doch für alle Menschen«, fand Claude.

Gabi meinte: »Wenn ich das Beispiel mit den Möwen richtig verstanden habe, dann sollten wir nicht bewerten, was nach unserer Meinung gut und was böse sei. Die Tiere und Pflanzen fällen auch keine moralisierenden Werturteile. Darum kommt ein Tier auch nicht wie Adam und Eva auf die ausgefallene Idee, daß man sich schämen müsse, wenn man nackt ist. Und weil Tiere nicht moralisieren, darum können sie – wie wir es am Beispiel der Möwen gesehen haben – auch nicht verärgert oder enttäuscht und beleidigt sein. All diese Bewertungen kommen aus dem verbogenen inneren Ich-Kreis, sie entstammen der Egozentrizität.«

Ich fuhr fort: »Genau darauf kommt es an, daß wir sorgfältig, klar und unbefangen beurteilen, aber nicht ständig bewerten oder gar moralisieren. Das wenigstens sollten wir von den Möwen, den Tieren und der ganzen Natur lernen.«

Claude wandte ein: »Also ich glaube nicht, daß das stimmt. Wenn ich meine Katzen oder die Pferde beobachte, dann sind die äußerst wählerisch. Auch die Pferde schnuppern zuerst am Gras und bewerten ganz genau, was ihnen besser schmeckt. Das wissen wir ja auch von verwöhnten Hunden und Katzen, daß sie das Fressen stehen lassen, wenn ihnen ausnahmsweise nicht das ge-

wohnte erstklassige Fleisch serviert wird. Nein, das leuchtet mir nicht ein, daß die Tiere nicht auch bewerten. Es ist doch offensichtlich, die Katze bevorzugt das zartere Fleisch, weil es ihr besser schmeckt. Sie wählt doch zwischen den Möglichkeiten. Wenn man auswählt, dann bewertet man doch die verschiedenen Qualitäten.«

Ich antwortete: »Es ist gut, daß Sie diese Beispiele erwähnt haben. Wir müssen wirklich lernen zu unterscheiden, was ›beurteilen‹ und was ›bewerten‹ ist.

Die Katze wählt aus. Da haben Sie recht. Aber sie bewertet nicht, sondern sie beurteilt, welches Fleisch zarter sei. Das ist ein sachliches Beurteilen und kein Bewerten. Sie bewertet nicht, ob es teuer oder billig ist, ob es ein Markenartikel und schön verpackt war, oder ob es liebevoll hingestellt wurde. Beurteilungen hingegen, das sind sachliche, objektive Feststellungen. Dazu gehören zum Beispiel alle sachlich feststellbaren Empfindungen, wie ›zart‹ oder ›hart‹, ›süß‹ oder ›sauer‹, ›leicht‹ oder ›schwer‹, ›hell‹ oder ›dunkel‹, ›eckig‹ oder ›rund‹. Was jemand aber für schön hält oder als freundlich oder unfreundlich, als sympathisch oder unsympathisch, als anständig oder unanständig erachtet, das sind alles Bewertungen. Auswählen kann sowohl ein Bewerten als auch ein Beurteilen sein. Wenn Sie am Schlüsselbund auswählen, welcher Schlüssel in das Schloß paßt, dann ist das ein Beurteilen und kein Bewerten. Wenn Sie am Schlüsselbund aber deshalb noch einen Anhänger haben, weil er von einem geliebten Menschen geschenkt wurde, dann ist das eine Bewertung.

Bewertungen, was gut oder böse sei, was als anständig oder unanständig gilt, hängen davon ab, mit welchen Lebensanschauungen, Ideologien und mit welchen Vorurteilen wir der Wirklichkeit gegenübertreten. Wenn wir egozentrische Bewertungen verteilen, sind wir befangen und versperren uns den Zugang zur Realität. Die Realität ist aber der Baum des Lebens. Sie ist der Garten Eden, aus dem wir nicht verstoßen sind, sondern aus dem wir uns selber ausschließen durch unsere egozentrischen Bewertungen. Egozentrische Bewertungen stehen im Widerspruch zur Realität. Darum erzeugen sie Konflikte, Mißerfolge, Aggressionen und Depressionen. Sie entstehen, wenn wir unzufrieden sind oder uns ärgern oder enttäuscht und beleidigt sind. Wir haben den Apfel der egozentrischen Bewertungen angebissen. Es gibt kein Zurück in den bewußtseinslosen Zustand der Tiere und Pflanzen. Wir müssen den Apfel der Erkenntnis aufessen. Denn unser Ich, diesen inneren Kreis werden wir nicht mehr los. Aber wir müssen dafür sorgen, daß er rund und harmonisch bleibt. Wir müssen durch geistige Reife zu einer vernünftigen Steuerung

unseres Denkens, unserer Gefühle und der körperlichen Erfordernisse (Bewegung, Ernährung, vermeiden von Giftstoffen) kommen.
Das dumme, ungeistige Denken weicht von der naturgemäßen Harmonie ab. Es erzeugt Widersinn und Konflikte. Der reife Mensch hingegen ist bestrebt, sich in die natürliche Harmonie einzuordnen und die Harmonie in all seinem Tun zu verwirklichen. Um ein paar Bereiche zu nennen: Er bemüht sich, klar und ohne Vorurteile zu denken. Er will gegenüber anderen so handeln, wie er auch selbst behandelt werden möchte. Er bemüht sich, seine Egozentrizität zu überwinden und aufgeschlossen zu sein, die Sinnesempfindung zu erleben und zu pflegen und das zu tun, was er nach seiner ehrlichen Überzeugung für richtig hält. Der Philosoph würde mit seinen Worten sagen: Der reife Mensch ist bestrebt, seinem Sinnverständnis nachzuleben, das der natürlichen Harmonie entspricht. Er versucht es sowohl in seinem logischen Denken als auch in seinem ethischen und praktischen Tun und bei seinem ästhetischen-sinnlichen Empfinden zu verwirklichen. Piet Mondrian (1872–1944) hat es für die bildende Kunst so einfach und klar wie in seinen Bildern auch mit Worten ausgedrückt: »Harmonie, die erste Anforderung an die Kunst, entsteht durch ein Gleichgewicht von Linie, Farbe und Form.«

Diese Ansicht eines kosmischen Harmoniesystems, in das der Mensch als Subsystem eingeordnet ist, hat Hermes Trismegistos 3000 Jahre vor Christus erstmals als Philosophie und Buddha 560 vor Christus als philosophische Religion dargestellt. Aber infolge des noch in der Neuzeit geltenden Zweckglaubens wurde Giordano Bruno aufgrund dieser Ansicht im Jahre 1600 verbrannt und Spinoza 1665 exkommuniziert.
Heute wäre wenigstens in unseren Kulturkreisen der Weg zu einem reifen Sinnverständnis für viele Menschen ungefährlich. Viele bleiben aber aus geistiger Trägheit von den naiven Gottesvorstellungen und den konfessionellen Institutionen der Macht abhängig.
Andere lassen zwar den Kinderglauben und damit die konfessionelle Moral fallen, aber sie ersetzen den Ausfall nicht durch Vernunft und Verantwortung. Deswegen stürzen sie ab in eine orientierungslose Leere ohne Wertsystem und ohne echte Ideale. Ohne Ideale wie Gerechtigkeit, Aufgeschlossenheit, Toleranz und Verantwortung, Aufrichtigkeit und Wohlwollen ist das Leben nicht auf Harmonie ausgerichtet, sondern es dient dem Egoismus und bleibt in der Egozentrizität gefangen. Die Gefangenschaft in der beziehungsarmen Egozentrizität erzeugt ein unerträgliches Defizit: Sinnleere und deprimierende Sinnlosigkeit.

Zum Ausgleich des Defizits werden Auswege gesucht. Es gibt zwei Fluchtwege. Der eine führt in die Scheinsicherheit des Aberglaubens. Dazu gehören zum Beispiel die fundamentalistischen und dogmatischen Konfessionen und die esoterische Magie.
Der andere Fluchtweg führt in die Betäubung. Dazu gehören vor allem die Sucht nach Erfolg, nach Geltung, der schlechte Umgang mit der Zeit und die Konsumiersucht. Konsumieren, um sich zu betäuben, äußert sich nicht nur im Kaufen von schickem Krimskrams von Ohrclips bis zum Rolls-Royce. Konsumiersucht erkennen wir auch an den Alkohol- und Fettbäuchen.
Eine weitverbreitete Form der Betäubung ist der schlechte Umgang mit der Zeit. Diejenigen, die für das keine Zeit haben, was ihnen wirklich Freude und Befriedigung bietet, sind ebenso arm dran, wie alle, die sie mit Zeitvertreib, mit Ablenkung und Zerstreuung totschlagen müssen.«
Manfred fuhr los: »Na, das sind aber harte Worte. Ich steh von morgens bis abends in der Praxis. Wo sollte ich da noch Zeit hernehmen zu musizieren, wie ich das früher getan habe. Ich kann auch kein Buch mehr lesen und, was das schlimmste ist, meine Kinder sehen mich fast nur am Wochenende, wenn ich nicht auch noch Notfalldienst habe. Meine Freunde treffe ich kaum noch.

Dabei haben wir herzliche Beziehungen, die uns wichtig sind und uns Freude bereiten. Die Praxis frißt mich völlig auf. Ich weiß, ich rede wie viele andere auch. Aber was soll ich machen, mein Tag hat auch nur 24 Stunden.«

Ich antwortete: »Goethe hat mit fünf Worten das gesagt, was unser tägliches Morgengebet sein sollte: ›Die Zeit ist mein Besitz.‹ Wissen Sie, was das bedeutet?«

Claude fand: »Wieso soll denn die Zeit unser tägliches Gebet sein? Die Zeit, die hat doch jeder. Ich gehe jeden Tag zur Arbeit, damit ich mir ein eigenes Haus leisten kann oder daß ich ein Auto oder ein Vermögen mit einer guten Kapitalanlage besitze.«

Ich drückte mich deutlicher aus: »Ja, das alles können Sie besitzen und auch verlieren.

Es gibt ein einziges, was Ihr sicheres Eigentum ist, das Sie nicht verlieren können. Die Lebenszeit ist unser einziger sicherer Besitz. Aber dieses einzig sichere Eigentum kann jeder nutzen oder nutzlos verschwenden.

Die Gnade leben zu dürfen, sollte uns mit unbegrenzter Dankbarkeit erfüllen. Sie zeigt sich darin, wie wir mit unserer Zeit umgehen. Dienen wir in allem Tun in allen Bereichen der Harmonie – Sie, Manfred, würden sagen: ›Gott‹ – oder vergeuden wir die Zeit in Disharmonie, in lieblosem Egoismus oder

Streitereien. Das ›Jüngste Gericht‹ darüber, wie wir mit unserer Zeit umgehen, findet täglich statt. Es muß zu einer bewußt gelebten Einsicht werden: Zeit ist das einzige, das jeder fraglos besitzt; aber fragwürdig ist, ob wir sie täglich zur Harmonie und unserer Zufriedenheit nutzen.«

Manfred schaute mich lange an, dann sagte er: »Wenn ich Sie so reden höre, dann sind Sie eigentlich gar kein ungläubiger Mensch. Sie haben eine begründete Überzeugung und wissen ganz klar, woran Sie glauben. Das ist ein Glaube ohne Krampf und ohne Zweifel.«

»Sicher, Manfred, wenn ich an etwas glauben müßte, was ich nicht selber erfahren habe, dann würde ich mich ja betrügen. Ich kann doch nur das glauben, wovon ich deshalb überzeugt bin, weil ich es selber erfahren habe. Alles andere ist kein echter Glaube, sondern nur ein Meinen. Alles, was ein angelernter Glaube oder was sogenannte Wissenschaft ist, was ich aber nicht selber erfahren kann, das sind oft wertvolle, aber zuweilen auch falsche Meinungen. Ich habe durch Erfahrung die Überzeugung und somit den Glauben, daß durch wahre Urteile die Zusammenhänge verständlich werden. Und ebenso glaube ich aus eigener Erfahrung, daß mein Leben dann sinnvoll ist, wenn ich alle Zusammenhänge und Beziehungen harmonisch gestalte, zum Beispiel als echte Liebe, als klares logisches Denken, als ethisch redliches Handeln, als ästhetisch sinnenfreudiges Erleben.«

Manfred machte ein erstauntes Gesicht, wie jemand der zwischen den Regenwolken die Sonne durchbrechen sieht: »Ich fühle mich wohl bei dieser Art des Glaubens. So denke ich ja im Grunde schon immer. Aber bedeutet das, daß man den ganzen angelernten Glauben und all den Ballast an unverständlichen Dogmen samt allen Zweifeln vergessen kann? Was habe ich unter all den Zweifeln gelitten.«

Ich fragte ihn: »Wie fühlen Sie sich, wenn Sie über etwas im Zweifel sind?«

»Natürlich unsicher.«

»Wie bewerten Sie einen Glauben, der Sie unsicher macht?« fragte ich weiter.

Jetzt schien Manfred nicht Sonne oder Regenwolken, sondern einen Himmel voller Blitze zu sehen. »Dann wären viele Glaubensdogmen, an denen ich immer gezweifelt habe, ja dann wäre all das, was mich immer verwirrt gemacht hat, wieder eine Manipulation, um mich unsicher und damit gefügig zu machen. Also wirklich, also so schlimm habe ich das bisher noch nie gesehen.«

Ich fuhr fort: »Der angelernte Glaube, insofern er unseren Erfahrungen widerspricht, untergräbt nicht nur unsere Selbstsicherheit und damit auch unsere Selbstachtung, sondern er gibt uns auch keine Antwort auf unsere wichtigste Frage. Denn die dringlichste aller Fragen ist die nach dem Sinn des eigenen Lebens. Es soll keine Irrfahrt ohne Kompaß sein, die erst mit dem Tod endet. Darum müssen wir in aller Klarheit wissen, was ist der Kompaß, der uns den Weg zu einem sinnvollen Leben weist?«

»Natürlich«, sagte Gabi: »Das Harmoniegesetz in uns. Das ist der Kompaß, um das Leben sinnvoll zu gestalten. Davon sprechen wir ja die ganze Zeit. Die Liebe, die Freundschaft, die Verantwortung, das Vertrauen, der ehrliche Glaube und auch der innere Kreis, das sind doch alles nur verschiedene Aspekte vom gleichen Harmoniegesetz.

Das Harmoniegesetz besteht doch auch im Kosmos, sonst gäbe es ja keine Astronomie, auch keine Physik, keine Physiologie und keine Medizin. Es gäbe auch keine vernünftige Psychologie, wenn nicht auch unsere Psyche nach gesetzmäßigen Zusammenhängen reguliert wäre.«

»Das freut mich. Ich sehe es genau auch so«, antwortete ich und ergänzte: »Wenn es nicht so wäre, wenn nicht jeder Mensch das gleiche psychische System hätte, dann könnte überhaupt keiner den anderen verstehen. Der Manfred würde die Gabi nicht begreifen können, und umgekehrt, die Gabi würde ihren Manfred nicht verstehen.«

»Den Eindruck habe ich schon oft gehabt, daß die Gabi meine Psyche nicht versteht«, sagte Manfred maliziös.
»Lieber Manfred«, sagte ich ihm zum Trost. »Ihre Psyche versteht sie schon, aber Ihr Verhalten vielleicht nicht immer.
Aber die Psychologie soll uns ja helfen, das Harmoniegesetz in uns zu begreifen, damit wir es im Umgang mit uns selbst und mit den anderen anwenden können.«
Manfred nickte bedächtig: »Jaja, wissen tun wir es ja schon, aber tun müssen wir es halt doch selber.«

Unser Abschied war wie immer sehr herzlich.
Wir freuten uns bereits auf das nächste Mal.

Nachwort

»Nie, nie, nie werde ich ein Buch schreiben.« Das war meine feste Absicht als Student.
Nachdem der Farbtest ein halbes Jahr auf der Bestsellerliste klebte, hat mich der Lektor Hermann Hemminger mit täglichen Anrufen gedrängt, »Signale der Persönlichkeit« zu schreiben. Über den Spaß, unsere Zeitgenossen zu beschreiben, schmunzeln die Leser nun schon seit zwei Jahrzehnten. Auf das erste folgten die anderen Bücher, und jedes sollte das letzte sein.
Auf die Bitte, diesem allerletzten doch noch ein Nachwort anzufügen, möchte ich ein Vorwort zu »Faust« benutzen. Goethe hat dort ein allgemeingültiges Nachwort geprägt:

»Der Worte sind genug gewechselt,
nun laßt Taten sehen.«

Die Seminare

Prof. Dr. Max Lüscher hält zwei Arten von Seminaren:

1. Zur besseren Lebensführung,
um Ärger und Enttäuschungen auszuschalten,
um freudvolle Partnerbeziehungen zu gestalten
und wirksame Leistungen zu erzielen.

2. Ausbildung im
KLINISCHEN LÜSCHER-FARBTEST zur Personalauswahl
und Beurteilung der Persönlichkeit.
Der Test besteht aus einem Farbenbuch mit den 8 Einzeltests, den ausführlichen Auswertungstexten und Therapie-Empfehlungen.

Das Computerprogramm (© 1995) enthält 1040 hochdifferenzierte Auswertungstexte. Aus der exakt gemessenen Persönlichkeitsdiagnose werden die geeigneten therapeutischen Maßnahmen bestimmt und nach Bedarf zur psychischen und homöopathischen Therapie ausgedruckt. (Weitere Hinweise enthält das Kapitel »Was Farben messen«, siehe Seite 7.)

Die Bücher

Das Harmonie-Gesetz in uns

Das Hauptwerk von Professor Lüscher, »Das Harmoniegesetz in uns«, ist eine spannende und humorvolle Einführung in die regulative Funktionspsychologie.
Mit ihr wird die Psyche auf einfache Weise und mit logischer Klarheit für jedermann leicht verständlich. Dadurch wird Psychologie zu einem wirksamen Kompaß für die eigene Harmonie und die Gestaltung einer harmonischen Beziehung zu anderen.
»Die Welt« schreibt: »Lüscher hat diese uralte Weisheit mit den Mitteln der modernen Psychologie neu fundiert.«
Themen sind:
Die Entfaltung von Selbstvertrauen und innerer Freiheit.
Was ist der Sinn des eigenen Lebens?
Die Struktur der Psyche. Die Realitäts-Therapie.
Ideale: Ja. Irreführende Ideologien: Nein.

Lüscher-Diagnostik

Das Buch »Lüscher-Diagnostik« ist ein Farb-Form-Test zur kurzen, aber genauen Persönlichkeitsbeurteilung. Es umfaßt zwei wichtige Teile des Klinischen Lüscher-Tests. Die »Lüscher-Diagnostik« enthält 7 Farben- und 7 Formen-Kärtchen und 540 Auswertungstexte, die sofort ablesbar sind.

Außerdem die Bestseller:

Signale der Persönlichkeit
Die Lüscher-Würfel
Der 4-Farben-Mensch